Les frères Grimm

En 1812, paraissent les *Contes d'enfants et du foyer* (1812-1822).
Ces contes populaires allemands, de tradition orale, sont recueillis et adaptés pour les enfants par deux frères, Jacob (1785-1863) et Wilhelm (1786-1859) Grimm, inséparables tant dans leur œuvre que dans leur vie.
Ce recueil de quelque deux cents contes va rencontrer un immense succès et marquer l'imaginaire de toute l'Europe du XIXe.

Devant l'importance de cette œuvre, nous avons choisi de vous faire découvrir huit contes. Huit contes qui, par leur intrigue, leurs personnages, terrifiants ou enchanteurs, rendent hommage à l'univers féerique des *Contes de Grimm*.
Si vous pensez que derrière chaque grenouille se cache un prince charmant ou que vous rêvez d'une maison de bonbons tout en sucre et guimauve, alors suivez les petits cailloux blancs et laissez-vous emporter par la magie des *Contes de Grimm*...

Contes illustrés par *Rébecca Dautremer, Judith Gueyfier, Muriel Kerba, Jean-François Dumont, Mayalen Goust, Sébastien Pelon, Daneth Khong, Angélique Ethuin*

Couverture illustrée par *Rébecca Dautremer*

ISBN 978-2-244-41779-0

www.editionslito.com

Lito
41, rue de Verdun 94500 Champigny-sur-Marne
Imprimé en UE
Loi n° 49-956 du 16 juillet 1949 sur les publications destinées à la jeunesse
Dépôt légal : août 2010

JACOB ET WILHELM GRIMM

Contes de Grimm

Éditions Lito

La fille du roi et la grenouille

Dans des temps très anciens, alors qu'il pouvait encore être utile de faire des vœux, vivait un roi dont toutes les filles étaient belles. La plus jeune était si belle que le soleil, qui en a cependant tant vu, s'étonnait chaque fois qu'il illuminait son visage. Non loin du château du roi, il y avait une grande et sombre forêt et, dans la forêt, sous un vieux tilleul, une fontaine. Un jour qu'il faisait très chaud, la royale enfant partit dans le bois, et s'assit au bord de la source fraîche. Et comme elle s'ennuyait, elle prit sa balle en or, la jeta en l'air et la rattrapa ; c'était son jeu favori. Il arriva que la balle d'or, au lieu de revenir dans sa main, tomba sur le sol et roula tout droit dans l'eau. La princesse la suivit des yeux, mais la balle disparut : la fontaine était si profonde qu'on n'en voyait pas le fond. La jeune fille se mit à pleurer, à pleurer de plus en plus fort ; elle était inconsolable. Comme elle gémissait ainsi, quelqu'un lui cria :

« Pourquoi pleures-tu, princesse, si fort qu'une pierre s'en laisserait attendrir ? »

Elle regarda autour d'elle pour voir d'où venait la voix et aperçut une grenouille qui tendait hors de l'eau sa tête grosse et affreuse.

« Ah ! c'est toi, vieille barboteuse ! dit-elle, je pleure ma balle d'or qui est tombée dans la fontaine.

– Tais-toi et ne pleure plus, dit la grenouille, je vais t'aider. Mais que me donneras-tu si je te rapporte ton jouet ?

– Ce que tu voudras, chère grenouille, répondit-elle, mes habits, mes perles et mes diamants et même la couronne d'or que je porte sur la tête.

– Je ne veux ni de tes perles, ni de tes diamants, ni de ta couronne. Mais, si tu acceptes de m'aimer, si tu me prends comme compagne et camarade de jeux, si je peux m'asseoir à table à ton côté, manger dans ton assiette, boire dans ton gobelet et dormir dans ton lit, si tu me promets tout cela, je plongerai au fond de la source et te rendrai ta balle.

– Oui, dit-elle, je te promets tout ce que tu veux à condition que tu me retrouves ma balle. »

Elle se disait : « Elle vit là, dans l'eau avec les siens et coasse. Comment serait-elle la compagne d'un être humain ? »

Quand la grenouille eut obtenu sa promesse, elle mit la tête sous l'eau, plongea et, peu après, réapparut en tenant la balle entre ses lèvres. Elle la jeta sur l'herbe. En retrouvant son beau jouet, la fille du roi fut folle de joie. Elle le ramassa et partit en courant.

« Attends ! Attends ! cria la grenouille, emmène-moi ! Je ne peux pas courir aussi vite que toi ! »

Mais il ne lui servit à rien de pousser ses « Côa ! côa ! côa ! » aussi fort qu'elle pouvait. La jeune fille ne l'écoutait pas. Elle se hâtait de rentrer à la maison et bientôt la pauvre grenouille fut oubliée. Il ne lui restait plus qu'à replonger dans la fontaine.

Le lendemain, comme la petite princesse était à table, mangeant dans sa jolie assiette d'or, avec le roi et tous les gens de la cour, on entendit, « plouf ! plouf ! plouf ! plouf ! », quelque chose qui montait l'escalier de marbre. Puis on frappa à la porte et une voix dit :

« Fille du roi, la plus jeune, ouvre-moi. »

La princesse se leva pour voir qui était là. Quand elle ouvrit, elle aperçut la

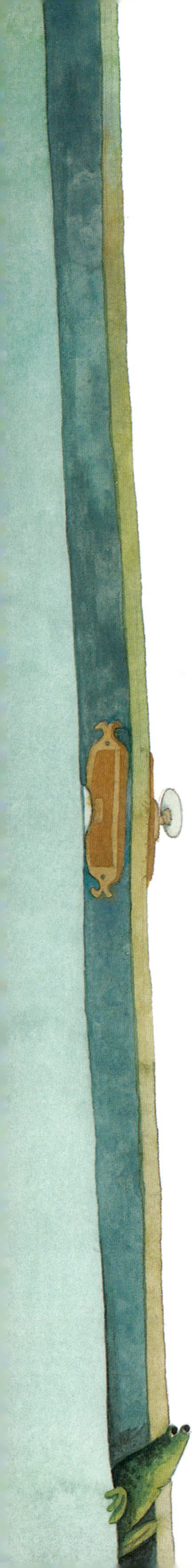

grenouille. Elle repoussa bien vite la porte et alla reprendre sa place. Elle avait très peur. Le roi vit que son cœur battait fort :

« Que crains-tu, mon enfant ? Y aurait-il un géant derrière la porte, qui viendrait te chercher ?

– Oh ! non, répondit-elle, ce n'est pas un géant, mais une vilaine grenouille.

– Que te veut cette grenouille ?

– Ah ! cher père, hier, comme j'étais au bord de la fontaine et que je jouais avec ma balle d'or, celle-ci tomba dans l'eau. Parce que je pleurais bien fort, la grenouille me l'a rapportée. Et comme elle me le demandait avec insistance, je lui ai promis qu'elle deviendrait ma compagne. Je ne pensais pas qu'elle sortirait de son eau. Et voilà qu'elle est là, dehors, et veut venir auprès de moi. »

Sur ces entrefaites, on frappa une seconde fois à la porte et une voix se fit entendre :

« Fille du roi, la plus jeune,
Ouvre-moi !
Ne sais-tu plus ce qu'hier
Au bord de la fontaine fraîche
Tu me promis ?
Fille du roi, la plus jeune,
Ouvre-moi ! »

Le roi dit alors :

« Ce que tu as promis, il faut le faire. Va et ouvre ! »

Elle se leva et ouvrit la porte. La grenouille sautilla dans la salle, toujours sur ses talons, jusqu'à sa chaise.

« Prends-moi auprès de toi ! »

La princesse hésita. Mais le roi lui donna l'ordre d'obéir. Quand la grenouille fut installée sur la chaise, elle demanda à monter sur la table. Quand elle y fut, elle demanda à la princesse :

« Approche ta petite assiette d'or, nous allons y manger ensemble. »

La princesse fit ce qu'on voulait, mais c'était malgré tout de mauvais cœur. La grenouille mangea de bon appétit ; quant à la princesse, chaque bouchée lui restait en travers de la gorge. À la fin, la grenouille dit :

« J'ai mangé à satiété ; je suis fatiguée. Conduis-moi dans ta chambrette et prépare ton lit de soie ; nous allons dormir. »

La fille du roi se mit à pleurer ; elle avait peur du contact glacé de la grenouille et n'osait pas la toucher. Et maintenant, elle allait dormir dans son joli lit bien propre ! Mais le roi se fâcha :

« Tu n'as pas le droit de mépriser celle qui t'a aidée quand tu étais dans le chagrin. »

La princesse saisit la grenouille entre deux doigts, la monta dans sa chambre et la déposa dans un coin. Quand elle fut couchée, la grenouille sauta près du lit :

« Prends-moi, sinon je le dirai à ton père. »

La princesse se mit en colère, saisit la grenouille et la projeta de toutes ses forces contre le mur :

« Comme ça tu dormiras, affreuse grenouille ! »

Mais quand l'animal retomba sur le sol, ce n'était plus une grenouille ! Un prince aux beaux yeux pleins d'amitié la regardait. Il en fut fait selon la volonté du père de la princesse. Il devint son compagnon aimé et son époux. Il lui raconta qu'une méchante sorcière lui avait jeté un sort et la princesse, seule, pouvait l'en libérer. Le lendemain, ils partiraient tous deux pour son royaume. Ils s'endormirent et, au matin, quand le soleil se leva, on vit arriver une voiture attelée de huit chevaux

blancs. Ils avaient de blancs plumets sur la tête et leurs harnais étaient d'or. À l'arrière se tenait le valet du jeune roi. C'était le fidèle Henri. Il avait eu tant de chagrin quand il avait vu son seigneur transformé en grenouille qu'il s'était fait bander la poitrine de trois cercles de fer pour que son cœur n'éclatât pas de douleur. La voiture devait emmener le prince dans son royaume. Le fidèle valet l'y fit monter avec la princesse et s'installa de nouveau à l'arrière, tout heureux de voir son maître libéré du mauvais sort. Quand ils eurent roulé pendant quelque temps, le prince entendit des craquements derrière lui, comme si quelque chose se brisait. Il tourna la tête et dit :

« Henri, est-ce l'attelage qui brise ses chaînes ?

– Eh ! non, seigneur, ce n'est pas la voiture,
Mais de mon cœur l'une des ceintures.
Car j'ai eu tant de peine
Quand vous étiez dans la fontaine,
Transformé en grenouille vilaine ! »

Par deux fois encore, en cours de route, on entendit des craquements et le prince crut encore que la voiture se brisait. Mais ce n'étaient que les cercles de fer du fidèle Henri, heureux de voir enfin son seigneur délivré.

Le loup et les sept chevreaux

Il était une fois une vieille chèvre qui avait sept chevreaux et les aimait comme une mère aime ses enfants. Un jour, elle voulut aller dans la forêt pour rapporter quelque chose à manger, elle les rassembla tous les sept et leur dit :

« Je dois aller dans la forêt, mes chers enfants. Faites attention au loup ! S'il arrivait à rentrer dans la maison, il vous mangerait tout crus. Ce bandit sait jouer la comédie, mais il a une voix rauque et des pattes noires, c'est ainsi que vous le reconnaîtrez.

– Ne t'inquiète pas, maman, répondirent les chevreaux, nous ferons attention. Tu peux t'en aller sans crainte. »

La chèvre bêla de satisfaction et s'en alla.

Peu de temps après, quelqu'un frappa à la porte en criant :

« Ouvrez la porte, mes chers enfants, votre mère est là et vous a apporté quelque chose. »

Mais les chevreaux reconnurent le loup à sa voix rude.

« Nous ne t'ouvrirons pas, crièrent-ils. Tu n'es pas notre maman. Notre maman a une voix douce et agréable et ta voix est rauque. Tu es le loup ! »

Le loup partit chez le marchand et y acheta un grand morceau de craie. Il mangea la craie et sa voix devint plus douce. Il revint ensuite vers la petite maison, frappa et appela à nouveau :

« Ouvrez la porte, mes chers enfants, votre maman est de retour et vous a apporté pour chacun un petit quelque chose. »

Mais tout en parlant il posa sa patte noire sur la fenêtre ; les chevreaux l'aperçurent et crièrent :
« Nous ne t'ouvrirons pas ! Notre maman n'a pas les pattes noires comme toi. Tu es le loup ! »
Et le loup courut chez le boulanger et dit :
« Je me suis blessé à la patte, enduis-la-moi avec de la pâte. »
Le boulanger lui enduisit la patte et le loup courut encore chez le meunier.
« Verse de la farine blanche sur ma patte ! » commanda-t-il.
« Le loup veut duper quelqu'un », pensa le meunier, et il fit des manières. Mais le loup dit :
« Si tu ne le fais pas, je te mangerai. »
Le meunier eut peur et blanchit sa patte. Eh oui, les gens sont ainsi !
Pour la troisième fois le loup arriva à la porte de la petite maison, frappa et cria :
« Ouvrez la porte, mes chers petits, maman est de retour de la forêt et vous a apporté quelque chose.

– Montre-nous ta patte d'abord, crièrent les chevreaux, que nous sachions si tu es vraiment notre maman. »
Le loup posa sa patte sur le rebord de la fenêtre, et lorsque les chevreaux virent qu'elle était blanche, ils crurent tout ce qu'il avait dit et ils ouvrirent la porte. Mais c'est le loup qui entra.

Les chevreaux prirent peur et voulurent se cacher. L'un sauta sous la table, un autre dans le lit, le troisième dans le poêle, le quatrième dans la cuisine, le cinquième s'enferma dans l'armoire, le sixième se cacha sous le lavabo et le septième dans la pendule. Mais le loup les trouva et ne traîna pas : il avala les chevreaux, l'un après l'autre. Le seul qu'il ne trouva pas était celui caché dans la pendule.

Lorsqu'il fut rassasié, il se retira, se coucha sur le pré vert et s'endormit.

Peu de temps après, la chèvre revint de la forêt. Ah, quel triste spectacle l'attendait à la maison ! La porte grande ouverte, la table, les chaises, les bancs renversés, le lavabo avait volé en éclats, la couverture et les oreillers du lit traînaient par terre. Elle chercha ses petits, mais en vain. Elle les appela par leur nom, l'un après l'autre, mais aucun ne répondit. C'est seulement lorsqu'elle prononça le nom du plus jeune qu'une petite voix fluette se fit entendre :

« Je suis là, maman, dans la pendule ! »

Elle aida le chevreau à sortir et il lui raconta que le loup était venu et qu'il avait mangé tous les autres chevreaux. Imaginez combien la chèvre pleura ses petits ! Toute malheureuse, elle sortit de la petite maison et le chevreau courut derrière elle. Dans le pré, le loup était couché sous l'arbre et ronflait à en faire trembler les branches. La chèvre le regarda de près et observa que quelque chose bougeait et grouillait dans son gros ventre.

« Mon Dieu, pensa-t-elle, et si mes pauvres petits que le loup a mangés au dîner, étaient encore en vie ? »

Le chevreau dut repartir à la maison chercher des ciseaux, une aiguille et du fil. La chèvre cisailla le ventre du monstre, et aussitôt le premier chevreau sortit la tête ; elle continua et les six chevreaux en sortirent, l'un après l'autre, tous sains et saufs, car, dans sa hâte, le loup glouton les avait avalés tout rond. Quel bonheur ! Les chevreaux se blottirent contre leur chère maman, puis gambadèrent comme le tailleur à ses noces. Mais la chèvre dit :

« Allez, les enfants, apportez des pierres, aussi grosses que possible, nous les fourrerons dans le ventre de cette vilaine bête tant qu'elle est encore couchée et endormie. »

Et les sept chevreaux roulèrent les pierres et en farcirent le ventre du loup jusqu'à ce qu'il soit plein. La chèvre le recousit vite, de sorte que le loup ne s'aperçut de rien et ne bougea même pas.

Quand il se réveilla enfin, il se leva, et comme les pierres lui pesaient dans l'estomac, il eut très soif. Il voulut aller au puits pour boire, mais comme il se balançait en marchant, les pierres dans son ventre grondaient.

« Cela grogne, cela gronde,
mon ventre tonne !
J'ai avalé sept chevreaux,
n'était-ce rien qu'une illusion ?
Et de lourdes grosses pierres
les remplacèrent. »

Il alla jusqu'au puits, se pencha et but. Les lourdes pierres le tirèrent sous l'eau et le loup se noya lamentablement. Les sept chevreaux accoururent alors et se mirent à crier :

« Le loup est mort, c'en est fini de lui ! »

Et ils se mirent à danser autour du puits et la chèvre dansa avec eux.

Hänsel et Gretel

À l'orée d'une grande forêt vivaient un pauvre bûcheron, ses deux enfants et leur belle-mère. Le garçon s'appelait Hänsel et la fille Gretel. La famille ne mangeait guère. Une année que la famine régnait dans le pays et que le pain lui-même vint à manquer; le bûcheron ruminait des idées noires. Une nuit, dans son lit, il remâchait ses soucis. Il dit à sa femme :

« Qu'allons-nous devenir ? Comment nourrir nos pauvres enfants, quand nous n'avons plus rien pour nous-mêmes ?

– Eh bien, mon homme, dit la femme, sais-tu ce que nous allons faire ? Dès l'aube, nous conduirons les enfants au plus profond de la forêt, nous leur allumerons un feu et leur donnerons à chacun un petit morceau de pain. Puis nous irons à notre travail et les laisserons seuls. Ils ne retrouveront plus leur chemin et nous en serons débarrassés.

– Non, femme, dit le bûcheron, je ne ferai pas cela ! Comment pourrais-je me résoudre à laisser nos enfants tout seuls dans la forêt ! Les bêtes sauvages ne tarderaient pas à les dévorer.

– Oh ! fou, rétorqua-t-elle, tu préfères donc que nous mourrions de faim tous les quatre ? Alors, il ne te reste qu'à raboter les planches de nos cercueils. »

Elle n'eut de cesse qu'il n'acceptât ce qu'elle proposait.

« Mais j'ai quand même pitié de ces pauvres enfants », dit le bûcheron.

Les deux petits n'avaient pu s'endormir tant ils avaient faim. Ils avaient entendu ce que la marâtre avait dit à leur père.

Gretel pleura des larmes amères et dit à son frère :

« C'en est fait de nous…

– Du calme, Gretel, dit Hänsel, ne t'en fais pas ; je trouverai un moyen de nous en tirer. »

Quand les parents furent endormis, il se leva, enfila ses habits, ouvrit la chatière et se glissa dehors. La lune brillait dans le ciel, et les graviers blancs, devant la maison, étincelaient comme des diamants. Hänsel se pencha et en mit dans ses poches autant qu'il put. Puis il rentra dans la maison et dit à Gretel :

« Aie confiance, chère petite sœur, et dors tranquille. Dieu ne nous abandonnera pas. »

Et lui-même se recoucha. Quand vint le jour, avant même que le soleil ne se levât, la femme réveilla les deux enfants :

« Debout, paresseux ! Nous allons dans la forêt pour y chercher du bois. »

Elle leur donna un morceau de pain à chacun :

« Voici pour le repas de midi ; ne mangez pas tout avant, car vous n'aurez rien d'autre. »

Comme les poches de Hänsel étaient pleines de cailloux, Gretel mit le pain dans son tablier. Puis, ils se mirent tous en route pour la forêt. Au bout de quelque temps, Hänsel s'arrêta et regarda en direction de la maison. Et sans cesse, il répétait ce geste. Le père s'impatienta:

« Que regardes-tu, Hänsel, et pourquoi restes-tu toujours en arrière ? Fais attention à toi et n'oublie pas de marcher !

– Ah ! père, répondit Hänsel, je regarde mon petit chat blanc qui est perché là-haut sur le toit et je lui dis au revoir. »

La femme gronda :

« Fou que tu es ! Ce n'est pas le chaton, c'est un reflet de soleil sur la cheminée. »

Hänsel, en réalité, n'avait pas vu le chat. Mais, à chaque arrêt, il prenait un caillou blanc dans sa poche et le jetait sur le chemin.

Arrivés au milieu de la forêt, le père dit :

« Maintenant, les enfants, ramassez du bois ! Je vais allumer un feu pour que vous n'ayez pas froid. »

Hänsel et Gretel amassèrent des brindilles au sommet d'une petite colline. Quand on eut mit le feu et qu'il eut bien pris, la femme dit :

« Couchez-vous auprès de lui, les enfants, et reposez-vous. Nous allons abattre du bois. Quand nous aurons fini, nous reviendrons vous chercher. »

Hänsel et Gretel s'assirent auprès du feu. À l'heure du déjeuner, ils mangèrent leur morceau de pain. Ils entendaient retentir des coups de hache et pensaient que leur père était tout proche. Mais ce n'était pas la hache. C'était une branche que le bûcheron avait attachée à un arbre mort et que le vent faisait battre de-ci de-là. Comme ils étaient assis là depuis des heures, les yeux finirent par leur tomber de fatigue et ils s'endormirent. Quand ils se réveillèrent, il faisait nuit noire. Gretel se mit à pleurer :

« Comment ferons-nous pour sortir de la forêt ? »

Hänsel la consola :

« Attends encore un peu, jusqu'à ce que la lune soit levée. Alors, nous retrouverons notre chemin. »

Quand la pleine lune brilla dans le ciel, il prit sa sœur par la main et suivit les petits cailloux blancs. Ils étincelaient comme des écus frais battus et indiquaient le chemin. Les enfants marchèrent toute la nuit. Ils atteignirent la maison

paternelle au levé du jour. Ils frappèrent à la porte. Lorsque la femme eut ouvert et qu'elle vit que c'étaient Hänsel et Gretel, elle s'écria :

« Méchants enfants ! Pourquoi avez-vous dormi si longtemps dans la forêt ? Nous pensions que vous ne reviendriez jamais. »

Leur père, lui, se réjouit, car il avait le cœur lourd de les avoir laissés seuls dans la forêt. Peu de temps après, la misère régna de plus belle et les enfants entendirent ce que la marâtre disait, pendant la nuit, à son mari :

« Il ne nous reste plus rien à manger, une demi-miche seulement, et après, finie la chanson ! Il faut nous débarrasser des enfants ; nous les conduirons encore plus profond dans la forêt pour qu'ils ne puissent plus retrouver leur chemin ; il n'y a rien d'autre à faire. »

Le père avait bien du chagrin. Il songeait :

« Il vaudrait mieux partager la dernière bouchée avec les enfants. »

Mais la femme ne voulut rien entendre. Elle le gourmanda et lui fit mille reproches. Qui a dit « A » doit dire « B ». Comme il avait accepté une première fois, il dut consentir derechef.

Les enfants n'étaient pas encore endormis. Ils avaient tout entendu. Quand les parents furent plongés dans le sommeil, Hänsel se leva avec l'intention d'aller ramasser des cailloux comme la fois précédente. Mais la marâtre avait verrouillé la porte et le garçon ne put sortir. Il consola cependant sa petite sœur :

« Ne pleure pas, Gretel, dors tranquille ; le bon Dieu nous aidera. »

Tôt le matin, la marâtre fit lever les enfants. Elle leur donna un morceau de pain, plus petit encore que l'autre fois. Sur la route de la forêt, Hänsel l'émietta dans sa poche ; il s'arrêtait souvent pour en jeter un peu sur le sol.

« Hänsel, qu'as-tu à t'arrêter et à regarder autour de toi ? dit le père. Va ton chemin !

– Je regarde ma petite colombe sur le toit, pour lui dire au revoir ! répondit Hänsel.

– Fou ! dit la femme. Ce n'est pas la colombe, c'est le soleil qui se joue sur la cheminée. »

Hänsel, cependant, continuait à semer des miettes de pain le long du chemin. La marâtre conduisit les enfants au fin fond de la forêt, plus loin qu'ils n'étaient jamais allés. On refit un grand feu et la femme dit :

« Restez là, les enfants. Quand vous serez fatigués, vous pourrez dormir un peu ; nous allons couper du bois et, ce soir, quand nous aurons fini, nous viendrons vous chercher. »

À midi, Gretel partagea son pain avec Hänsel qui avait éparpillé le sien le long du chemin. Puis ils dormirent et la soirée passa sans que personne ne revînt auprès d'eux. Ils s'éveillèrent au milieu de la nuit, et Hänsel consola sa petite sœur, disant :

« Attends que la lune se lève, Gretel, nous verrons les miettes de pain que j'ai jetées ; elles nous montreront le chemin de la maison. »

Quand la lune se leva, ils se mirent en route. Mais de miettes, point. Les mille oiseaux des champs et des bois les avaient mangées. Les deux enfants marchèrent toute la nuit et le jour suivant, sans trouver à sortir de la forêt. Ils mouraient de faim, n'ayant à se mettre sous la dent que quelques baies sauvages. Ils étaient si fatigués que leurs jambes ne voulaient plus les porter. Ils se couchèrent au pied d'un arbre et s'endormirent.

Trois jours s'étaient déjà passés depuis qu'ils avaient quitté la maison paternelle.

Ils continuaient à marcher, s'enfonçant toujours plus avant dans la forêt. Si personne ne leur venait en aide, ils ne tarderaient pas à mourir. À midi, ils virent un joli oiseau sur une branche, blanc comme neige. Il chantait si bien que les enfants s'arrêtèrent pour l'écouter. Quand il eut fini, il déploya ses ailes et vola devant eux. Ils le suivirent jusqu'à une petite maison sur le toit de laquelle le bel oiseau blanc se percha. Quand ils s'en furent approchés, ils virent qu'elle était faite de pain et recouverte de gâteaux. Les fenêtres étaient en sucre.

« Nous allons nous mettre au travail, dit Hänsel, et faire un repas béni de Dieu. Je mangerai un morceau du toit ; ça a l'air d'être bon ! »

Hänsel grimpa sur le toit et en arracha un petit morceau pour goûter. Gretel se mit à lécher les carreaux. On entendit alors une voix suave qui venait de la chambre :

« Langue, langue lèche !
Qui donc ma maison lèche ? »

Les enfants répondirent :

« C'est le vent, c'est le vent.
Ce céleste enfant. »

Et ils continuèrent à manger sans se laisser détourner de leur tâche. Hänsel, qui trouvait le toit fort bon, en fit tomber un gros morceau par terre et Gretel découpa une vitre entière, s'assit sur le sol et se mit à manger. La porte, tout à coup, s'ouvrit et une femme, vieille comme les pierres, s'appuyant sur une canne, sortit de la maison. Hänsel et Gretel eurent si peur qu'ils laissèrent tomber tout ce qu'ils tenaient dans leurs mains. La vieille secoua la tête et dit :

« Eh ! chers enfants, qui vous a conduits ici ? Entrez, venez chez moi ! Il ne vous sera fait aucun mal. »

Elle les prit tous deux par la main et les fit entrer dans la maisonnette. Elle leur servit un bon repas, du lait et des beignets avec du sucre, des pommes et des noix. Elle prépara ensuite deux petits lits. Hänsel et Gretel s'y couchèrent. Ils se croyaient au Paradis.

Mais l'amitié de la vieille n'était qu'apparente. En réalité, c'était une méchante sorcière à l'affût des enfants. Elle n'avait construit la maison de pain que pour les attirer. Quand elle en prenait un, elle le tuait, le faisait cuire et le mangeait. Pour elle, c'était alors jour de fête. La sorcière avait les yeux rouges et elle ne voyait pas très clair. Mais elle avait un instinct très sûr, comme les bêtes, et sentait venir de loin les êtres humains. Quand Hänsel et Gretel s'étaient approchés de sa demeure, elle avait ri méchamment et dit d'une voix mielleuse :

« Ceux-là, je les tiens ! Il ne faudra pas qu'ils m'échappent ! »

À l'aube, avant que les enfants ne se soient éveillés, elle se leva. Quand elle les vit qui reposaient si gentiment, avec leurs bonnes joues toutes roses, elle murmura :

« Quel bon repas je vais faire ! »

Elle attrapa Hänsel de sa main rêche, le conduisit dans une petite étable et l'y enferma au verrou. Il eut beau crier, cela ne lui servit à rien. La sorcière s'approcha ensuite de Gretel, la secoua pour la réveiller et s'écria :

« Debout, paresseuse ! Va chercher de l'eau et prépare quelque chose de bon à manger pour ton frère. Il est enfermé à l'étable et il faut qu'il engraisse. Quand il sera à point, je le mangerai. »

Gretel se mit à pleurer, mais cela ne lui servit à rien. Elle fut obligée de faire ce que lui demandait l'ogresse. On prépara pour le pauvre Hänsel les plats les plus délicats. Gretel, elle, n'eut droit qu'à des carapaces de crabes. Tous les matins, la vieille se glissait jusqu'à l'écurie et disait :

miam
–
miam
–

« Hänsel, tends tes doigts, que je voie si tu es déjà assez gras. »
Mais Hänsel tendait un petit os et la sorcière, qui avait de mauvais yeux, ne s'en rendait pas compte. Elle croyait que c'était vraiment le doigt de Hänsel et s'étonnait qu'il n'engraissât point. Quand quatre semaines furent passées, et que l'enfant était toujours aussi maigre, elle perdit patience et décida de ne pas attendre plus longtemps.
« Holà ! Gretel, cria-t-elle, dépêche-toi d'apporter de l'eau. Que Hänsel soit gras ou maigre, c'est demain que je le tuerai et le mangerai. »
Ah ! comme elle pleurait, la pauvre petite, en charriant ses seaux d'eau, comme les larmes coulaient le long de ses joues !
« Dieu bon, aide-nous donc ! s'écria-t-elle, si seulement les bêtes de la forêt nous avaient dévorés ! Au moins serions-nous morts ensemble !
– Cesse de te lamenter ! dit la vieille ; ça ne te servira à rien ! »
De bon matin, Gretel fut chargée de remplir la grande marmite d'eau et d'allumer le feu.
« Nous allons d'abord faire la pâte, dit la sorcière. J'ai déjà fait chauffer le four et préparé ce qu'il faut. »
Elle poussa la pauvre Gretel vers le four, d'où sortaient de grandes flammes.
« Faufile-toi dedans ! ordonna-t-elle, et vois s'il est assez chaud pour la cuisson. »
Elle avait l'intention de fermer le four quand la petite y serait pour la faire rôtir. Elle voulait la manger, elle aussi. Mais Gretel devina son projet et dit :
« Je ne sais comment faire, comment entre-t-on dans ce four ?
– Petite oie, dit la sorcière, l'ouverture est assez grande, vois, je pourrais y entrer moi-même. »
Et elle y passa la tête. Alors Gretel la poussa vivement dans le four, claqua

RECETTE
30 MN.

la porte et mit le verrou. La sorcière se mit à hurler épouvantablement. Mais Gretel s'en alla et cette horrible sorcière n'eut plus qu'à rôtir.

Gretel, elle, courut aussi vite qu'elle le pouvait chez Hänsel. Elle ouvrit la petite étable et dit :

« Hänsel, nous sommes libres ! La vieille sorcière est morte ! »

Hänsel bondit hors de sa prison, aussi rapide qu'un oiseau dont on vient d'ouvrir la cage. Comme ils étaient heureux ! Comme ils se prirent par le cou, dansèrent et s'embrassèrent ! N'ayant plus rien à craindre, ils pénétrèrent dans la maison de la sorcière. Dans tous les coins, il y avait des caisses pleines de perles et de diamants.

« C'est encore mieux que mes petits cailloux ! » dit Hänsel en remplissant ses poches.

Et Gretel ajouta : « Moi aussi, je veux en rapporter à la maison ! »

Et elle en mit tant qu'elle put dans son tablier.

« Maintenant, il nous faut partir, dit Hänsel, si nous voulons fuir cette forêt ensorcelée. »

Au bout de quelques heures, ils arrivèrent sur les bords d'une grande rivière.

« Nous ne pourrons pas la traverser, dit Hänsel, je ne vois ni passerelle ni pont.

– On n'y voit aucune barque non plus, dit Gretel. Mais voici un canard blanc. Si je le lui demande, il nous aidera à traverser. »

Elle cria :

« Petit canard, petit canard,
Nous sommes Hänsel et Gretel.
Il n'y a ni barque, ni gué, ni pont,
Fais-nous passer avant qu'il ne soit tard. »

navette

Le canard s'approcha et Hänsel se mit à califourchon sur son dos. Il demanda à sa sœur de prendre place à côté de lui.
« Non, répondit-elle, ce serait trop lourd pour le canard. Nous traverserons l'un après l'autre. »
La bonne petite bête les mena ainsi à bon port. Après avoir cheminé un moment, ils s'aperçurent que la forêt leur devenait de plus en plus familière. Finalement, ils virent au loin la maison de leur père. Ils se mirent à courir, se ruèrent dans la chambre de leurs parents et sautèrent au cou de leur père. L'homme n'avait plus eu une seule minute de bonheur depuis qu'il avait abandonné ses enfants dans la forêt. Sa femme était morte. Gretel secoua son tablier et les perles et les diamants roulèrent dans toute la chambre. Hänsel en sortit d'autres de ses poches, par poignées. C'en était fini des soucis. Ils vécurent heureux tous ensemble.

BOITE POSTALE
TICKETS RECUS.

Le vaillant petit tailleur

Par un beau matin d'été, un petit tailleur assis sur sa table et de fort bonne humeur, cousait de tout son cœur. Arrive dans la rue une paysanne qui crie :
« Bonne confiture à vendre ! Bonne confiture à vendre ! »
Le petit tailleur entendit ces paroles avec plaisir. Il passa sa tête délicate par la fenêtre et dit :
« Venez ici, chère madame ! C'est ici qu'on vous débarrassera de votre marchandise. »
La femme grimpa les trois marches avec son lourd panier et le tailleur lui fit déballer tous ses pots. Il les examina, les tint en l'air, les renifla et finalement déclara :
« Cette confiture me semble bonne. Pesez-m'en donc une demi-once, chère madame. Même s'il y en a un quart de livre, ça ne fera rien. »
La femme, qui avait espéré trouver un bon client, lui donna ce qu'il demandait, mais s'en alla bien fâchée et en grognant.
« Et maintenant, dit le petit tailleur, que Dieu bénisse cette confiture et qu'elle me donne de la force ! »
Il prit une miche dans le buffet, s'en coupa un grand morceau par le travers et le couvrit de confiture.
« Ça ne sera pas mauvais, dit-il. Mais avant d'y mettre les dents, il faut que je termine ce pourpoint. »
Il posa la tartine à côté de lui et continua à coudre et, de joie, faisait des points de plus en plus grands. Pendant ce temps, l'odeur de la confiture parvenait jusqu'aux

murs de la chambre qui étaient recouverts d'un grand nombre de mouches, si bien qu'elles furent attirées et se jetèrent sur la tartine.

« Eh ! Qui vous a invitées ? »

Et le petit tailleur chassa ces hôtes indésirables. Mais les mouches, qui ne comprenaient pas la langue humaine, ne se laissèrent pas intimider. Elles revinrent plus nombreuses encore. Alors, comme on dit, le petit tailleur sentit la moutarde lui monter au nez. Il attrapa un torchon et en jetant un « Je vais vous en donner, moi, de la confiture ! » leur en donna un grand coup. Lorsqu'il retira le torchon et compta ses victimes, il n'y avait pas moins de sept mouches raides mortes.

« Tu es un fameux gaillard, se dit-il en admirant sa vaillance. Il faut que toute la ville le sache. »

Et, en toute hâte, il se tailla une ceinture, la cousit et broda dessus en grandes lettres : « SEPT D'UN COUP ».

Eh ! quoi, la ville... c'est le monde entier qui doit savoir ça !

Et son cœur battait de joie comme une queue d'agneau.

Le tailleur s'attacha la ceinture autour du corps et s'apprêta à partir dans le monde, pensant que son atelier était trop petit pour son courage. Avant de quitter la maison, il chercha autour de lui ce qu'il pourrait emporter. Il ne trouva qu'un fromage et le mit dans sa poche. Devant la porte, il remarqua un oiseau qui s'était pris dans les broussailles ; il lui fit rejoindre le fromage. Après quoi, il partit vaillamment et comme il était léger et agile, il ne ressentit aucune fatigue. Le chemin le conduisit sur une montagne et lorsqu'il en eut escaladé le plus haut sommet, il y vit un géant qui regardait tranquillement le paysage.

Le petit tailleur s'approcha bravement de lui et l'apostropha :

« Bonjour, camarade ! Alors, tu es assis là et tu admires le vaste monde ? C'est justement là que je vais pour y faire mes preuves. Ça te dirait de venir avec moi ? »

Le géant examina le tailleur d'un air méprisant et dit :

« Gredin, triste individu !

– Tu crois ça, répondit le tailleur en dégrafant son manteau et en montrant sa ceinture au géant. Regarde là quel homme je suis ! »

Le géant lut : « SEPT D'UN COUP », s'imagina qu'il s'agissait là d'hommes que le tailleur avait tués et commença à avoir un peu de respect pour le petit homme. Mais il voulait d'abord l'éprouver. Il prit une pierre dans sa main et la serra si fort qu'il en coula de l'eau.

« Fais-en autant, si tu as de la force.

– C'est tout ? demanda le petit tailleur. Un jeu d'enfant ! »

Il plongea la main dans sa poche, en sortit le fromage et le pressa si fort qu'il en coula du jus.

« Hein, dit-il, c'était un peu mieux ! »

Le géant ne savait que répondre. Il n'arrivait pas à croire le petit homme. Il prit une pierre et la lança si haut qu'on ne pouvait presque plus la voir.

« Alors, avorton, fais-en autant !

– Bien lancé, dit le tailleur, mais la pierre est retombée par terre. Je vais t'en lancer une qui ne reviendra pas. »

Il prit l'oiseau dans sa poche et le lança bien fort. Heureux d'être libre, l'oiseau monta vers le ciel et ne revint pas.

« Que dis-tu de ça, camarade ? demanda le tailleur.

– Tu sais lancer, reconnut le géant, mais on va voir maintenant si tu es capable de porter une charge normale. »

Il conduisit le petit tailleur auprès d'un énorme chêne qui était tombé par terre et dit :

« Si tu es assez fort, aide-moi à sortir cet arbre de la forêt.

– Volontiers, répondit le petit homme, prends le tronc sur ton épaule ; je porterai les branches et la ramure, c'est ça le plus lourd. »

Le géant prit le tronc sur son épaule, le tailleur s'assit sur une branche et le géant, qui ne pouvait se retourner, dut porter l'arbre entier avec le tailleur par-dessus le marché. Celui-ci était tout joyeux et d'excellente humeur. Il sifflait la chanson « Trois tailleurs chevauchaient hors de la ville », comme si le fait de porter cet arbre eût été un jeu d'enfant. Lorsque le géant eut porté l'arbre pendant quelque temps, il n'en pouvait plus et il s'écria :

« Écoute, il faut que je le laisse tomber. »

Le tailleur sauta en vitesse au bas de sa branche et dit au géant :

« Tu es si grand et tu ne peux même pas porter l'arbre ! »

Ensemble, ils poursuivirent leur chemin. Comme ils passaient sous un cerisier, le géant attrapa le faîte de l'arbre d'où pendaient les fruits les plus mûrs, le mit dans la main du tailleur et l'invita à manger. Le tailleur était bien trop faible pour retenir l'arbre et lorsque le géant le lâcha, il se détendit et le petit homme fut expédié dans les airs. Quand il fut retombé sur terre, sans dommage, le géant lui dit :

« Que signifie cela ? Tu n'as même pas la force de retenir ce petit bâton ?

– Ce n'est pas la force qui me manque, répondit le tailleur. Tu t'imagines que c'est ça qui ferait peur à celui qui en a tué sept d'un coup ? J'ai sauté par-dessus l'arbre parce qu'il y a des chasseurs qui tirent dans les taillis. Saute, toi aussi, si tu le peux ! »

Le géant essaya, n'y parvint pas et resta pendu dans les branches de sorte que,

cette fois encore, ce fut le tailleur qui gagna.

Le géant lui dit :

« Si tu es si vaillant, viens dans notre caverne pour y passer la nuit avec nous. »

Le petit tailleur accepta et l'accompagna. Lorsqu'ils arrivèrent dans la grotte, les autres géants étaient assis autour du feu et chacun d'entre eux tenait à la main un monstrueux rôti dans lequel ils mordaient. Le petit tailleur regarda autour de lui et pensa : « C'est bien plus grand ici que dans mon atelier. »

Le géant lui indiqua un lit et lui dit de s'y coucher et d'y dormir.

Mais le lit était trop grand pour le petit tailleur. Il ne s'y coucha pas, et s'allongea dans un coin. Quand il fut minuit et que le géant pensa que le tailleur dormait profondément, il prit une barre de fer et, d'un seul coup, brisa le lit, croyant avoir donné le coup de grâce au rase-mottes. Au matin, les géants s'en allèrent dans la forêt. Ils avaient complètement oublié le tailleur. Et le voilà qui s'avançait tout joyeux et plein de témérité ! Les géants prirent peur, craignirent qu'il ne les tuât tous et s'enfuirent en toute hâte.

Le petit tailleur poursuivit son chemin au hasard. Après avoir longtemps voyagé, il arriva dans la cour d'un palais royal et, comme il était fatigué, il se coucha et s'endormit. Pendant qu'il était là, des gens s'approchèrent, qui lurent sur sa ceinture : « SEPT D'UN COUP ».

« Eh ! dirent-ils, que vient faire ce foudre de guerre dans notre paix ? Ce doit être un puissant seigneur ! »

Ils allèrent le dire au roi, pensant que si la guerre éclatait ce serait là un homme utile et important, qu'il ne fallait laisser repartir à aucun prix. Ce conseil plut au roi et il envoya l'un de ses courtisans auprès du petit tailleur avec pour mission de lui offrir une fonction militaire. Le messager resta planté près du dormeur, attendit qu'il

remuât les membres et ouvrit les yeux pour présenter sa requête.

« C'est justement pour cela que je suis venu ici, répondit-il. Je suis prêt à entrer au service du roi. »

Il fut reçu avec tous les honneurs et on mit à sa disposition une demeure particulière. Les gens de guerre ne voyaient cependant pas le petit tailleur d'un bon œil. Ils le souhaitaient à mille lieues.

« Qu'est-ce que ça va donner, disaient-ils entre eux, si nous nous prenons de querelle avec lui et qu'il frappe ? Il y en aura sept à chaque fois qui tomberont. Aucun de nous ne se tirera d'affaire. »

Ils décidèrent donc de se rendre tous auprès du roi et demandèrent à quitter son service.

« Nous ne sommes pas faits, dirent-ils, pour rester à côté d'un homme qui en abat sept d'un coup. »

Le roi était triste de perdre, à cause d'un seul, ses meilleurs serviteurs. Il aurait souhaité ne l'avoir jamais vu et aurait bien voulu qu'il repartît. Mais il n'osait pas lui donner son congé parce qu'il aurait pu le tuer lui et tout son monde et prendre sa place sur le trône. Il hésita longtemps. Finalement, il eut une idée. Il fit dire au petit tailleur que, parce qu'il était un grand foudre de guerre, il voulait bien lui faire une proposition. Dans une forêt de son pays habitaient deux géants qui causaient de gros ravages, pillaient, tuaient, mettaient tout à feu et à sang. Personne ne pouvait les approcher sans mettre sa vie en péril. S'il les vainquait et qu'il les tuât, il lui donnerait sa fille unique en mariage et la moitié de son royaume en dot. Cent cavaliers l'accompagneraient et lui prêteraient secours. « Voilà qui convient à un homme comme moi, songea le petit tailleur. Une jolie princesse et la moitié d'un royaume, ça ne se trouve pas tous les jours. »

« Oui, fut donc sa réponse. Je viendrai bien à bout des géants et je n'ai pas besoin de cent cavaliers. Celui qui en tue sept d'un coup n'a rien à craindre quand il n'y en a que deux. »

Le petit tailleur prit la route et les cent cavaliers le suivaient. Arrivé à l'orée de la forêt, il dit à ses compagnons :

« Restez ici, je viendrai bien tout seul à bout des géants. »

Il s'enfonça dans la forêt en regardant à droite et à gauche. Au bout d'un moment, il aperçut les deux géants. Ils étaient couchés sous un arbre et dormaient en ronflant si fort que les branches en bougeaient. Pas paresseux, le petit tailleur remplit ses poches de cailloux et grimpa dans l'arbre. À mi-hauteur, il se glissa le long d'une branche jusqu'à se trouver exactement au-dessus des dormeurs et fit tomber sur la poitrine de l'un d'eux, les pierres, l'une après l'autre. Longtemps, le géant ne sentit rien. Finalement, il se réveilla, secoua son compagnon et lui dit :

« Pourquoi me frappes-tu ?

– Tu rêves, répondit l'autre. Je ne te frappe pas. »

Ils se remirent à dormir. Alors le petit tailleur jeta un caillou sur le second des géants.

« Qu'est-ce que c'est ? cria-t-il. Pourquoi me frappes-tu ?

– Je ne te frappe pas, répondit le premier en grognant. »

Ils se querellèrent un instant mais, comme ils étaient fatigués, ils cessèrent et se rendormirent. Le petit tailleur recommença son jeu, choisit une grosse pierre et la lança avec force sur la poitrine du premier géant.

« C'est trop fort ! » s'écria celui-ci.

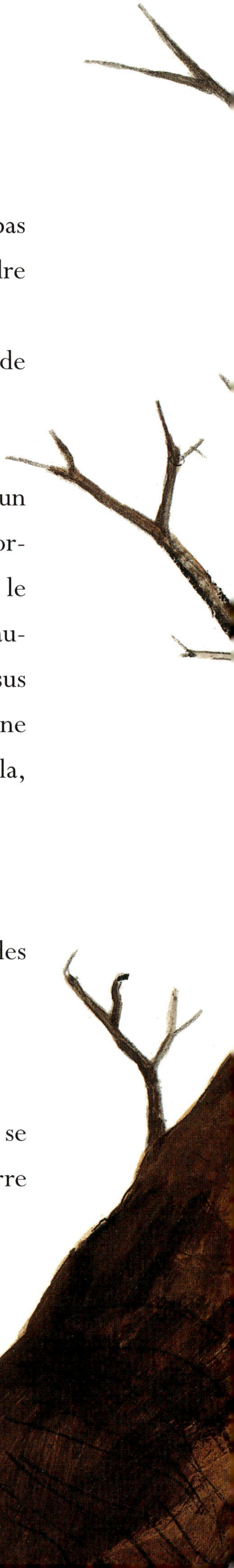

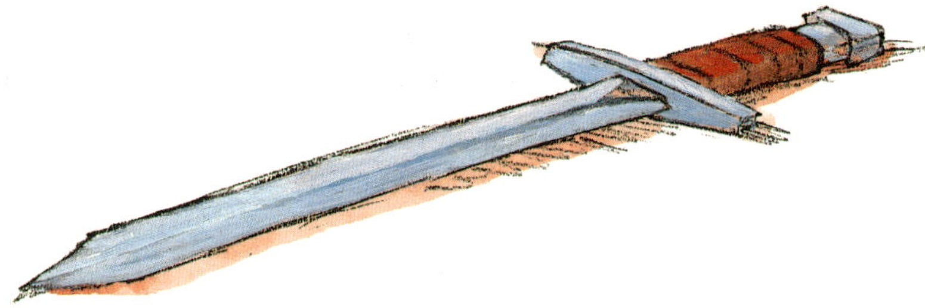

Il bondit comme un fou et jeta son compagnon contre l'arbre, si fort que ce dernier en fut ébranlé. Le second lui rendit la monnaie de sa pièce et ils entrèrent dans une telle colère qu'ils arrachaient des arbres pour s'en frapper l'un l'autre. À la fin, ils tombèrent tous deux morts sur le sol. Le petit tailleur regagna alors la terre ferme. « Une chance qu'ils n'aient pas arraché l'arbre sur lequel j'étais perché. Il aurait fallu que je saute sur un autre comme un écureuil. Heureusement que l'on est agile, nous autres ! » Il tira son épée et en donna quelques bons coups à chacun dans la poitrine, puis il rejoignit les cavaliers et leur dit :

« Le travail est fait, je leur ai donné le coup de grâce à tous les deux. Ça a été dur. Ils ont dû arracher des arbres pour se défendre. Mais ça ne sert à rien quand on a affaire à quelqu'un qui en tue sept, comme moi, d'un seul coup.

– N'êtes-vous pas blessé ? demandèrent les cavaliers.

– Ils ne m'ont même pas défrisé un cheveu », répondit le tailleur.

Les cavaliers ne voulurent pas le croire sur parole et ils entrèrent dans le bois. Ils y trouvèrent les géants nageant dans leur sang et, tout autour, il y avait des arbres arrachés. Le petit tailleur réclama le salaire promis par le roi, mais celui-ci se déroba et chercha comment il pourrait se débarrasser du héros.

« Avant que tu n'obtiennes ma fille et la moitié du royaume, lui dit-il, il faut encore que tu accomplisses un exploit. Dans la forêt il y a une licorne qui cause de gros ravages. Il faut que tu l'attrapes.

– J'ai encore moins peur d'une licorne que de deux géants. « SEPT D'UN COUP », voilà ma devise », répondit le petit tailleur.

Il prit une corde et une hache, partit dans la forêt et ordonna une fois de plus à ceux qu'on avait mis sous ses ordres de rester à la lisière. Il n'eut pas à attendre longtemps. La licorne arriva bientôt, fonça sur lui comme si elle avait voulu

l'embrocher sans plus attendre.

« Tout doux ! tout doux ! dit-il. Ça n'ira pas si vite que ça. »

Il attendit que l'animal soit tout proche. Alors, il bondit brusquement derrière un arbre. La licorne courut à toute vitesse contre l'arbre et enfonça sa corne si profondément dans le tronc qu'elle fut incapable de l'en retirer. Elle était prise !

« Je tiens le petit oiseau », dit le tailleur.

Il sortit de derrière l'arbre, passa la corde au cou de la licorne, dégagea la corne du tronc à coups de hache et, quand tout fut fait, emmena la bête au roi.

Le roi ne voulut pas lui payer le salaire promis et posa une troisième condition. Avant le mariage, le tailleur devait capturer un sanglier qui causait de grands ravages dans la forêt. Les chasseurs l'aideraient.

« Volontiers, dit le tailleur, c'est un jeu d'enfant. »

Il n'emmena pas les chasseurs avec lui, qui en furent bien contents car le sanglier les avait maintes fois reçus de telle façon qu'ils n'avaient aucune envie de l'affronter.

Lorsque le sanglier vit le tailleur, il marcha sur lui l'écume aux lèvres, les défenses menaçantes, et voulut le jeter à terre. Mais l'agile héros bondit dans une chapelle qui se trouvait dans le voisinage et d'un saut en ressortit aussitôt par une fenêtre. Le sanglier l'avait suivi. Le tailleur revint derrière lui et poussa la porte. La bête furieuse était captive. Il lui était bien trop difficile et incommode de sauter par une fenêtre. Le petit tailleur appela les chasseurs. Ils virent le prisonnier de leurs propres yeux. Le héros cependant se rendit chez le roi qui dut tenir sa promesse, bon gré mal gré ! Il lui donna sa fille et la moitié de son royaume. S'il avait su qu'il avait devant lui, non un valeureux combattant, mais un petit tailleur, l'affaire lui serait restée encore bien plus sur le cœur. La noce se déroula donc

avec grand éclat, mais avec peu de joie, et le tailleur devint roi. Au bout de quelque temps, la jeune reine entendit une nuit son mari qui rêvait.

« Garçon, disait-il, fais-moi un pourpoint et raccommode mon pantalon, sinon je te casserai l'aune sur les oreilles ! »

Elle comprit alors dans quelle ruelle était né le jeune roi et au matin, elle dit son chagrin à son père et lui demanda de la protéger contre cet homme qui n'était rien d'autre qu'un tailleur. Le roi la consola et lui dit :

« La nuit prochaine, laisse ouverte ta chambre à coucher. Quand il sera endormi, mes serviteurs qui se trouveront dehors entreront, le ligoteront et le porteront sur un bateau qui l'emmènera dans le vaste monde. »

Cela plut à la fille. Mais l'écuyer du roi, qui avait tout entendu, était dévoué au nouveau seigneur et il alla lui conter toute l'affaire.

« Je vais leur couper l'herbe sous les pieds », dit le petit tailleur.

Le soir, il se coucha avec sa femme à l'heure habituelle. Quand elle le crut endormi, elle se leva, ouvrit la porte et se recoucha. Le petit tailleur, qui faisait semblant de dormir, se mit à crier très fort :

« Garçon, fais-moi un pourpoint et raccommode mon pantalon, sinon je te casse l'aune sur les oreilles, j'en ai abattu sept d'un coup, j'ai tué deux géants, capturé une licorne et pris un sanglier et je devrais craindre ceux qui se trouvent dehors, devant la chambre ? »

Lorsque ceux-ci entendirent ces paroles, ils furent saisis d'une grande peur. Ils s'enfuirent comme s'ils avaient eu le diable aux trousses et personne ne voulut plus se mesurer à lui. Et c'est ainsi que le petit tailleur resta roi, le reste de sa vie durant.

Les six cygnes

Un jour, un roi chassait dans une grande forêt. Et il y mettait tant de cœur que personne, parmi ses gens, n'arrivait à le suivre. Quand le soir arriva, il s'arrêta et regarda autour de lui. Il s'aperçut qu'il avait perdu son chemin. Il chercha à sortir du bois, mais ne put y parvenir. Il vit alors une vieille femme au chef branlant qui s'approchait de lui. C'était une sorcière.

« Chère dame, lui dit-il, ne pourriez-vous pas m'indiquer le chemin qui sort du bois ?

– Oh ! si, monsieur le roi, répondit-elle, je le puis. Mais à une condition. Si vous ne la remplissez pas, vous ne sortirez jamais de la forêt et vous y mourrez de faim.

– Quelle est cette condition ? demanda le roi.

– J'ai une fille, dit la vieille, qui est si belle qu'elle n'a pas sa pareille au monde. Elle mérite de devenir votre femme. Si vous en faites une reine, je vous montrerai le chemin. »

Le roi avait si peur qu'il accepta et la vieille le conduisit vers sa petite maison où sa fille était assise au coin du feu. Elle accueillit le roi comme si elle l'avait attendu et il vit qu'elle était vraiment très belle. Malgré tout, elle ne lui plut pas et ce n'est pas sans une épouvante secrète qu'il la regardait. Après avoir fait monter la jeune fille devant lui sur son cheval, la vieille lui indiqua le chemin et le roi parvint à son palais où les noces furent célébrées.

Il avait déjà été marié et il avait eu de sa première femme sept enfants, six garçons et une fille, qu'il aimait plus que tout au monde. Comme il craignait que leur belle-mère ne les traitât pas bien, il les conduisit dans un château isolé situé au milieu d'une forêt. Il était si bien caché et le chemin qui y menait était si difficile à découvrir qu'il ne l'aurait pas trouvé lui-même si une fée ne lui avait offert une pelote de fil aux propriétés merveilleuses. Lorsqu'il la lançait devant lui, elle se déroulait d'elle-même et lui montrait le chemin. Le roi allait cependant si souvent auprès de ses chers enfants que la reine finit par remarquer ses absences. Curieuse, elle voulut savoir ce qu'il allait faire tout seul dans la forêt. Elle donna beaucoup d'argent à ses serviteurs. Ils lui révélèrent le secret et lui parlèrent de la pelote qui savait d'elle-même indiquer le chemin. Elle n'eut de cesse jusqu'à ce qu'elle eût découvert où le roi cachait la pelote. Elle confectionna alors des petites chemises de soie blanche et, comme sa mère lui avait appris l'art de la sorcellerie, elle y jeta un sort. Un jour que le roi était parti à la chasse, elle s'en fut dans la forêt avec les petites chemises. La pelote lui montrait le chemin. Les enfants, voyant quelqu'un arriver de loin, crurent que c'était leur cher père qui venait vers eux et ils coururent pleins de joie à sa rencontre. Elle jeta sur chacun d'eux l'une des petites chemises et, aussitôt que celles-ci eurent touché leurs corps, ils se transformèrent en cygnes et s'envolèrent par-dessus la forêt. La reine, très contente, repartit vers son château, persuadée qu'elle était débarrassée des enfants. Mais la fille n'était pas partie avec ses frères et ne savait pas ce qu'ils étaient devenus.

Le lendemain, le roi vint rendre visite à ses enfants. Il ne trouva que sa fille.

« Où sont tes frères ? demanda-t-il.

– Ah ! cher père, répondit-elle, ils sont partis et m'ont laissée toute seule. »

Elle lui raconta qu'elle avait vu de sa fenêtre comment ses frères transformés en cygnes étaient partis en volant au-dessus de la forêt et lui montra les plumes qu'ils avaient laissé tomber dans la cour. Le roi s'affligea, mais il ne pensa pas que c'était la reine qui avait commis cette mauvaise action. Et comme il craignait que sa fille ne lui fût également ravie, il voulut l'emmener avec lui. Mais elle avait peur de sa belle-mère et pria le roi de la laisser une nuit encore dans le château de la forêt.

La pauvre jeune fille pensait : « Je ne resterai pas longtemps ici, je vais aller à la recherche de mes frères. » Et lorsque la nuit vint, elle s'enfuit et s'enfonça tout droit dans la forêt. Elle marcha toute la nuit et encore le jour suivant jusqu'à ce que la fatigue l'empêchât d'avancer. Elle vit alors une hutte dans laquelle elle entra ; elle y trouva six petits lits. Elle n'osa pas s'y coucher. Elle se faufila sous l'un deux, s'allongea sur le sol dur et se prépara au sommeil. Comme le soleil allait se coucher, elle entendit un bruissement et vit six cygnes entrer par la fenêtre. Ils se posèrent sur le sol, soufflèrent l'un sur l'autre et toutes leurs plumes s'envolèrent. Leur peau apparut sous la forme d'une petite chemise. La jeune fille les regarda bien et reconnut ses frères. Elle se réjouit et sortit de dessous le lit. Ses frères ne furent pas moins heureux qu'elle lorsqu'ils la virent. Mais leur joie fut de courte durée.

«Tu ne peux pas rester, lui dirent-ils, nous sommes dans une maison de voleurs. S'ils te trouvent ici quand ils arriveront, ils te tueront.

– Ne pouvez-vous donc pas me protéger ? demanda la petite fille.

– Non ! répondirent-ils, car nous ne pouvons quitter notre peau de cygne que durant un quart d'heure chaque soir et, pendant ce temps, nous reprenons notre apparence humaine. Ensuite, nous redevenons des cygnes. »

La petite fille pleura et dit :

« Ne pouvez-vous donc pas être sauvés ?

– Ah, non, répondirent-ils, les conditions sont trop difficiles. Il faudrait que pendant six ans tu ne parles ni ne ries et que, pendant ce temps, tu nous confectionnes six petites chemises faites de fleurs. Si un seul mot sortait de ta bouche, toute ta peine aurait été inutile. »

Et comme ses frères disaient cela, le quart d'heure s'était écoulé et, redevenus cygnes, ils s'en allèrent par la fenêtre.

La jeune fille résolut cependant de sauver ses frères, même si cela devait lui coûter la vie. Elle quitta la hutte, gagna le centre de la forêt, grimpa sur un arbre et y passa la nuit. Le lendemain, elle rassembla des fleurs et commença à coudre. Elle n'avait personne à qui parler et n'avait aucune envie de rire. Elle restait assise où elle était et ne regardait que son travail. Il en était ainsi depuis longtemps déjà, lorsqu'il advint que le roi du pays chassa dans la forêt et que ses gens s'approchèrent de l'arbre sur lequel elle se tenait.

Ils l'appelèrent et lui dirent :

« Qui es-tu ? »

Elle ne répondit pas.

« Viens, lui dirent-ils, nous ne te ferons aucun mal. »

Elle secoua seulement la tête. Comme ils continuaient à la presser de questions, elle leur lança son collier d'or, espérant les satisfaire. Ils n'en démordaient pas. Elle leur lança alors sa ceinture ; cela ne leur suffisait pas non plus. Puis sa jarretière et, petit à petit, tout ce qu'elle avait sur elle et dont elle pouvait se passer, si bien qu'il ne lui resta que sa petite chemise. Mais les chasseurs ne s'en contentèrent pas. Ils grimpèrent sur l'arbre, se saisirent d'elle et la

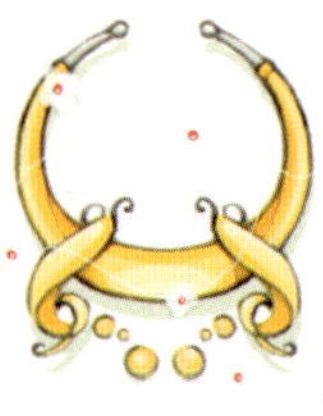

conduisirent au roi. Celui-ci demanda :

« Qui es-tu ? Que faisais-tu sur cet arbre ? »

Elle ne répondit pas. Il lui posa des questions dans toutes les langues qu'il connaissait, mais elle resta muette comme une carpe. Comme elle était très belle, le roi en fut ému et il s'éprit d'un grand amour pour elle. Il l'enveloppa de son manteau, la mit devant lui sur son cheval et l'emmena dans son château. Il lui fit donner de riches vêtements et elle resplendissait de beauté comme un soleil. Mais il était impossible de lui arracher une parole. À table, il la plaça à ses côtés et sa modestie comme sa réserve lui plurent si fort qu'il dit :

« Je veux l'épouser, elle et personne d'autre au monde. »

Au bout de quelques jours, ils se marièrent. Or le roi avait une mère méchante, à laquelle ce mariage ne plaisait pas. Elle disait du mal de la jeune reine : « Qui sait d'où vient cette folle ! Elle ne sait pas parler et ne vaut rien pour un roi. »

Au bout d'un an, quand la reine eut un premier enfant, la vieille le lui enleva et, pendant qu'elle dormait, elle lui barbouilla les lèvres de sang. Puis elle se rendit auprès du roi et accusa sa femme d'être une mangeuse d'hommes. Le roi ne voulut pas la croire et n'accepta pas qu'on lui dise du mal. Elle, cependant, restait là, cousant ses chemises et ne prêtant attention à rien d'autre. Lorsqu'elle eut son second enfant, un beau garçon, la méchante belle-mère recommença. Le roi n'arrivait pas à la croire :

« Elle est trop pieuse et trop bonne pour faire pareille chose. Si elle n'était pas muette et pouvait se défendre, son innocence éclaterait. »

Mais lorsque la vieille lui enleva une troisième fois son enfant nouveau-né et accusa la reine qui ne disait pas un mot pour sa défense, le roi ne put rien faire d'autre que de la traduire en justice et elle fut condamnée à être brûlée vive.

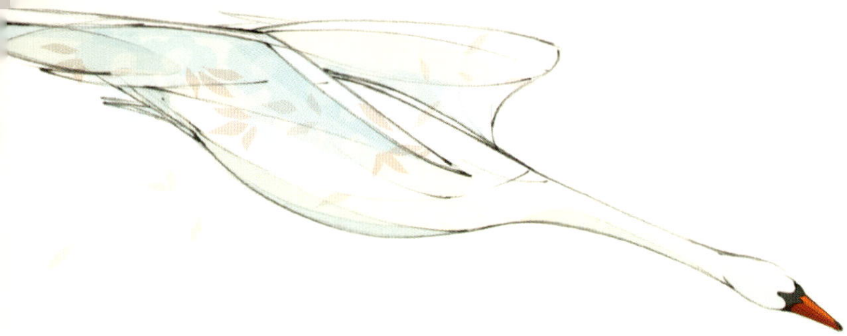

Quand vint le jour où le verdict devait être exécuté, c'était également le dernier jour des six années au cours desquelles elle n'avait eu le droit ni de parler ni de rire si elle voulait libérer ses frères chéris du mauvais sort. Les six chemises étaient achevées. Il ne manquait que la manche gauche de la sixième. Quand on la conduisit à la mort, elle plaça les six chemises sur son bras et quand elle fut en haut du bûcher, au moment où le feu allait être allumé, elle regarda autour d'elle et vit que les six cygnes arrivaient en volant. Elle comprit que leur délivrance approchait et son cœur se remplit de joie. Les cygnes se posèrent auprès d'elle de sorte qu'elle put leur lancer les chemises. Dès qu'elles les atteignirent, les plumes de cygnes tombèrent et ses frères se tinrent devant elle en chair et en os, frais et beaux. Il ne manquait au plus jeune que le bras gauche. À la place, il avait une aile de cygne dans le dos. Ils s'embrassèrent et la reine, s'approchant, du roi complètement bouleversé, commença à parler :

« Mon cher époux, maintenant j'ai le droit de parler et de te dire que je suis innocente et que l'on m'a faussement accusée. »

Et elle lui raconta la tromperie de la vieille qui lui avait enlevé ses trois enfants et les avait cachés. Pour la plus grande joie du roi, ils lui furent ramenés et, en punition, la méchante belle-mère fut attachée au bûcher et réduite en cendres. Pendant de nombreuses années, le roi, la reine, leurs trois enfants et les six frères vécurent dans le bonheur et la paix.

Les musiciens de la ville de Brême

Un meunier possédait un âne qui, durant de longues années, avait inlassablement porté des sacs au moulin, mais dont les forces commençaient à décliner. Il devenait de plus en plus inapte au travail. Son maître songea à s'en débarrasser. L'âne se rendit compte qu'un vent défavorable commençait à souffler pour lui et il s'enfuit. Il prit la route de Brême. Il pensait qu'il pourrait y devenir musicien au service de la municipalité. Sur son chemin, il rencontra un chien de chasse qui s'était couché là. Il gémissait comme quelqu'un qui a tant couru que la mort le guette.

« Alors, Taïaut, pourquoi jappes-tu comme ça ? demanda l'âne Grison.

– Ah ! dit le chien, parce que je suis vieux, parce que je m'alourdis chaque jour un peu plus, parce que je ne peux plus chasser, mon maître veut me tuer. Je me suis enfui. Mais comment gagner mon pain maintenant ?

– Sais-tu, dit l'âne, je vais à Brême pour y devenir musicien ; viens avec moi et fais-toi engager dans l'orchestre de la ville. Je jouerai du luth et toi de la timbale. »

Le chien accepta avec joie et ils repartirent de compagnie. Bientôt, ils virent un chat sur la route, qui était triste comme trois jours de pluie.

« Eh bien ! qu'est-ce qui va de travers, vieux Raminagrobis ? demanda l'âne.

– Comment être joyeux quand il y va de sa vie ? répondit le chat. Parce que je deviens vieux, que mes dents s'usent et que je me tiens plus souvent à rêver derrière le poêle qu'à courir après les souris, ma maîtresse a voulu me noyer. J'ai bien réussi à me sauver, mais je ne sais que faire. Où aller ?

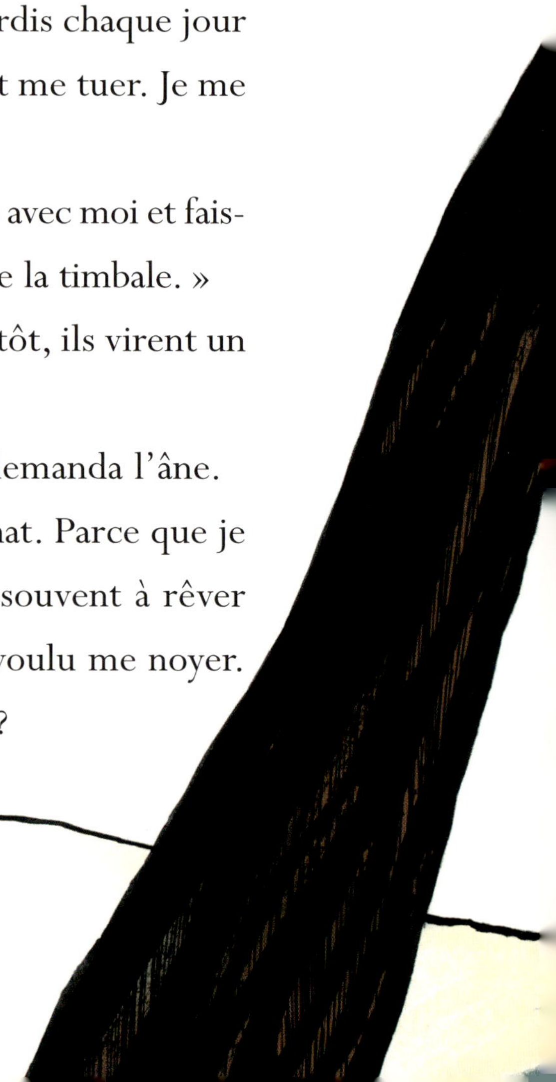

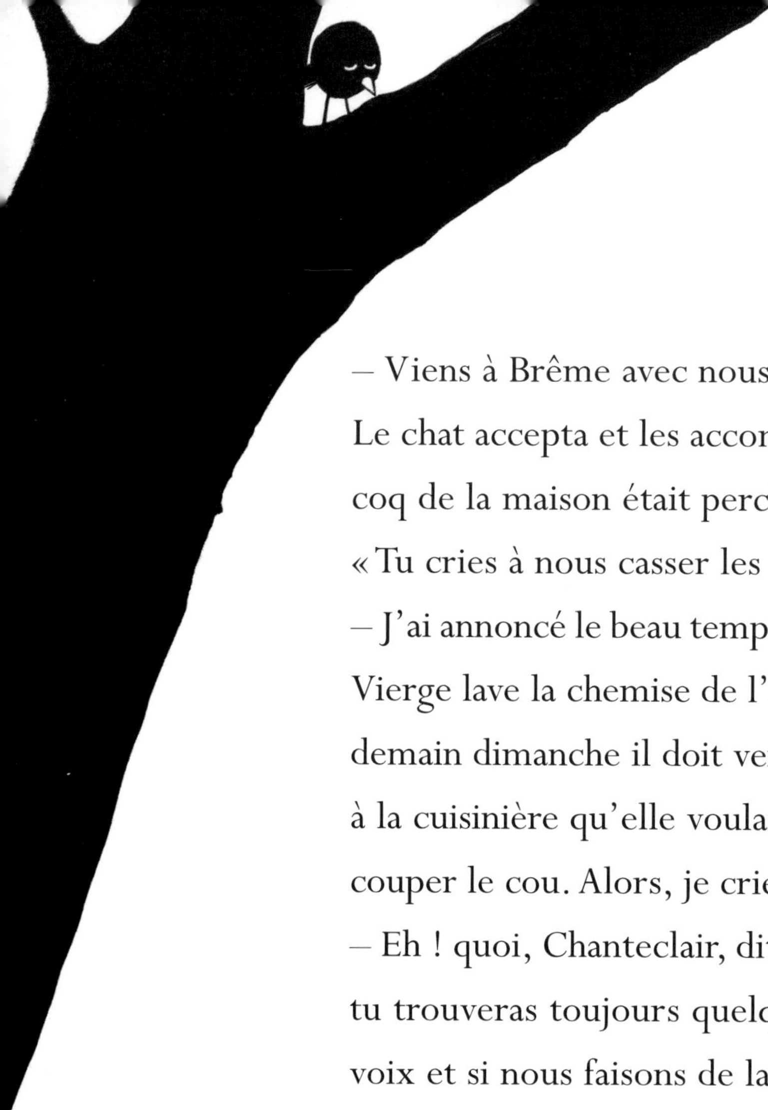

– Viens à Brême avec nous. Tu connais la musique, tu deviendras musicien. »
Le chat accepta et les accompagna. Les trois fugitifs arrivèrent à une ferme. Le coq de la maison était perché en haut du portail et criait de toutes ses forces.
« Tu cries à nous casser les oreilles, dit l'âne. Que t'arrive-t-il donc ?
– J'ai annoncé le beau temps, répondit le coq, parce que c'est le jour où la Sainte Vierge lave la chemise de l'enfant Jésus et va la faire sécher. Mais, comme pour demain dimanche il doit venir des invités, la fermière a été sans pitié. Elle a dit à la cuisinière qu'elle voulait me manger demain et c'est ce soir qu'on doit me couper le cou. Alors, je crie à plein gosier pendant que je puis le faire encore.
– Eh ! quoi, Chanteclair, dit l'âne, viens donc avec nous. Nous allons à Brême ; tu trouveras toujours quelque chose de préférable à ta mort. Tu as une bonne voix et si nous faisons de la musique ensemble, ce sera magnifique. »
Le coq accepta la proposition et tous quatre se mirent en chemin.
Mais il ne leur était pas possible d'atteindre la ville de Brême en une seule journée. Le soir, ils arrivèrent près d'une forêt où ils se décidèrent à passer la nuit. L'âne et le chien se couchèrent au pied d'un gros arbre, le chat et le coq s'installèrent dans les branches. Le coq monta jusqu'à la cime. Il pensait s'y trouver en sécurité. Avant de s'endormir, il jeta un coup d'œil aux quatre coins de l'horizon. Il vit briller une petite lumière dans le lointain. Il appela ses compagnons et leur dit qu'il devait se trouver quelque maison par là car, on y voyait de la lumière. L'âne dit :
« Levons-nous et allons-y ; ici, le gîte et le couvert ne sont pas bons. »
Le chien songea que quelques os avec de la viande autour lui feraient du bien.
Ils se mirent donc en route en direction de la lumière et la virent grandir au fur et à mesure qu'ils avançaient. Finalement, ils arrivèrent devant une maison

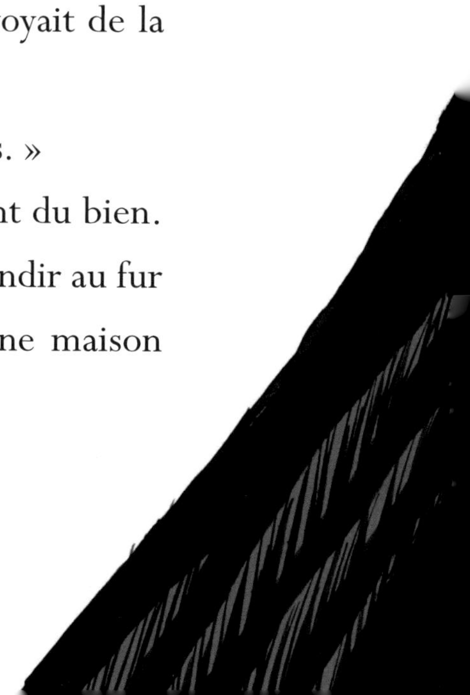

brillamment éclairée, qui était le repaire d'une bande de voleurs.

L'âne, qui était le plus grand, s'approcha de la fenêtre et regarda à l'intérieur.

« Que vois-tu, Grison ? demanda le coq.

– Ce que je vois ? répondit l'âne : une table servie avec mets et boissons de bonne allure. Des voleurs y sont assis et sont en train de se régaler.

– Voilà ce qu'il nous faudrait, repartit le coq.

– Eh ! oui, dit l'âne, si seulement nous y étions ! »

Les quatre compagnons délibérèrent pour savoir comment ils s'y prendraient pour chasser les voleurs. Finalement, ils découvrirent le moyen : l'âne appuierait ses pattes de devant sur le bord de la fenêtre, le chien sauterait sur son dos et le chat par-dessus. Le coq se percherait sur la tête du chat. Quand ils se furent ainsi installés, à un signal donné, ils commencèrent leur musique. L'âne se mit à braire, le chien à aboyer, le chat à miauler et le coq à chanter. Puis, ils bondirent par la fenêtre en faisant trembler les vitres. À ce concert inhabituel, les voleurs avaient sursauté. Ils crurent qu'un fantôme entrait dans la pièce et, pris de panique, ils s'enfuirent dans la forêt. Nos quatre compagnons se mirent à table, se servirent de ce qui restait et mangèrent comme s'ils allaient connaître un mois de famine. Quand les quatre musiciens eurent terminé, ils éteignirent la lumière et chacun se choisit un endroit à sa convenance et du meilleur confort pour dormir. L'âne se coucha sur le fumier, le chien derrière la porte, le chat près du poêle et le coq se percha au poulailler. Et comme ils étaient fatigués de leur long trajet, ils s'endormirent aussitôt.

Quand minuit fut passé, les voleurs s'aperçurent que la lumière avait été éteinte dans la maison et que tout y paraissait tranquille. Leur capitaine dit :

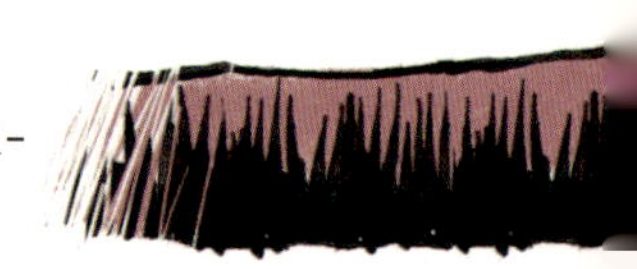

« Nous n'aurions pas dû nous laisser mettre à la porte comme ça. »

Il ordonna à l'un de ses hommes d'aller inspecter la maison. L'éclaireur vit que tout était silencieux ; il entra à la cuisine pour allumer une lumière. Voyant les yeux du chat brillants comme des braises, il en approcha une allumette et voulut l'enflammer. Le chat ne comprit pas la plaisanterie et, crachant et griffant, lui sauta au visage. L'homme fut saisi de terreur. Il se sauva et voulut sortir par la porte de derrière. Le chien, qui était allongé là, bondit et lui mordit les jambes. Et quand le voleur se mit à courir à travers la cour, passant par-dessus le tas de fumier, l'âne lui expédia un magistral coup de sabot. Le coq, que ce vacarme avait réveillé et mis en alerte, cria du haut de son perchoir :

« Cocorico ! »

Le voleur s'enfuit aussi vite qu'il le pouvait retrouver ses camarades, et dit au capitaine :

« Il y a dans la maison une affreuse sorcière : elle a soufflé sur moi et m'a griffé le visage de ses longs doigts. Devant la porte, il y avait un homme avec un couteau : il m'a blessé aux jambes. Dans la cour, il y a un monstre noir : il m'a frappé avec une massue de bois. Et sur le toit, il y avait un juge de paix qui criait : « Qu'on m'amène le coquin ! » J'ai fait ce que j'ai pu pour m'enfuir. »

Dès lors, les voleurs n'osèrent plus retourner à la maison. Quant aux quatre musiciens de Brême, ils s'y plurent tant qu'ils y restèrent. Le dernier qui me l'a raconté en fait encore des gorges chaudes.

Raiponce

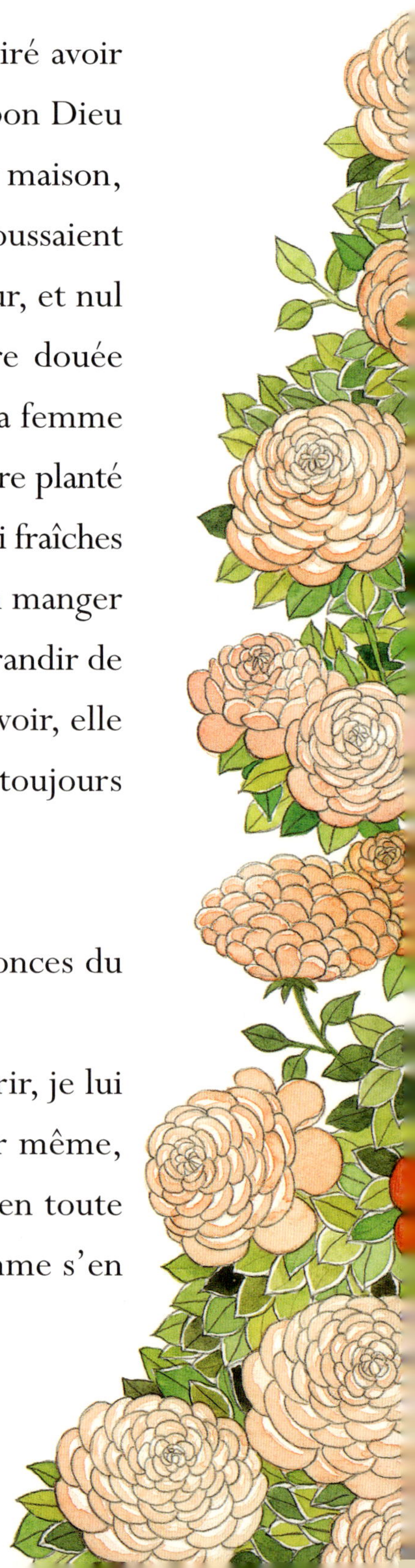

Il était une fois un mari et sa femme qui avaient depuis longtemps désiré avoir un enfant, quand enfin la femme fut dans l'espérance et pensa que le bon Dieu avait bien voulu accomplir son vœu le plus cher. Sur le derrière de leur maison, ils avaient une petite fenêtre qui donnait sur un magnifique jardin où poussaient les plantes et les fleurs les plus belles ; or il était entouré d'un haut mur, et nul n'osait s'aventurer à l'intérieur parce qu'il appartenait à une sorcière douée d'un grand pouvoir et que tout le monde craignait. Un jour donc que la femme se tenait à cette fenêtre et admirait le jardin en dessous, elle vit un parterre planté de superbes raiponces avec des rosettes de feuilles si vertes et si luisantes, si fraîches et si appétissantes, que l'eau lui en vint à la bouche et qu'elle rêva d'en manger une bonne salade. Cette envie qu'elle en avait ne faisait que croître et grandir de jour en jour ; mais comme elle savait aussi qu'elle ne pourrait pas en avoir, elle tomba en mélancolie et commença à dépérir, maigrissant et pâlissant toujours plus. En la voyant si bas, son mari s'inquiéta et lui demanda :

« Que t'arrive-t-il donc, ma chère femme ?

– Ah ! lui répondit-elle, je vais mourir si je ne peux manger des raiponces du jardin de derrière chez nous ! »

Le mari aimait fort sa femme et pensa : « Plutôt que de la laisser mourir, je lui apporterai de ces raiponces, quoi qu'il puisse m'en coûter ! » Le jour même, après le crépuscule, il escalada le mur du jardin de la sorcière, y prit en toute hâte une pleine main de raiponces qu'il rapporta à son épouse. La femme s'en

prépara immédiatement une salade, qu'elle mangea avec une grande avidité. C'était si bon et cela lui avait tellement plu que le lendemain, au lieu que son envie fût satisfaite, elle avait triplé. Et pour la calmer, il fallut absolument que son mari retournât encore une fois dans le jardin. Au crépuscule, donc, il fit comme la veille, mais quand il sauta du mur dans le jardin, il se figea d'effroi car la sorcière était devant lui !

« Quelle audace de t'introduire dans mon jardin comme un voleur, lui dit-elle avec un regard furibond, et de venir me voler mes raiponces ! Tu vas voir ce qu'il va t'en coûter !

– Oh ! supplia-t-il, ne voulez-vous pas user de clémence et préférer miséricorde à justice ? Si je l'ai fait, si je me suis décidé à le faire, c'est que j'étais forcé : ma femme a vu vos raiponces par notre petite fenêtre, et elle a été prise d'une telle envie d'en manger qu'elle serait morte si elle n'en avait eu. »

La sorcière fit taire sa fureur et lui dit :

« Si c'est comme tu le prétends, je veux bien te permettre d'emporter autant de raiponces que tu voudras, mais à une condition : c'est que tu me donnes l'enfant qui va naître. Tout ira bien pour lui et j'en prendrai soin comme une mère. »

Le mari, dans sa terreur, accepta tout sans discuter. Et quelques semaines plus tard, quand sa femme accoucha, la sorcière arriva aussitôt, donna à l'enfant le nom de Raiponce et l'emporta avec elle.

Raiponce était une fillette, et la plus belle qui fut sous le soleil. Lorsqu'elle eut ses douze ans, la sorcière l'enferma dans une tour qui se dressait, sans escalier ni porte, au milieu d'une forêt. Et comme la tour n'avait pas d'autre ouverture qu'une minuscule fenêtre tout en haut, quand la sorcière voulait y entrer, elle appelait sous la fenêtre et criait :

« Raiponce, Raiponce,

Descends-moi tes cheveux. »

Raiponce avait de longs et merveilleux cheveux qu'on eut dit des fils d'or. En entendant la voix de la sorcière, elle défaisait sa coiffure, attachait le haut de ses nattes à un crochet de la fenêtre et les laissait se dérouler jusqu'en bas, à vingt aunes au-dessous, si bien que la sorcière pouvait se hisser et entrer.

Quelques années plus tard, il advint que le fils du roi, qui chevauchait dans la forêt, passa près de la tour et entendit un chant si adorable qu'il s'arrêta pour écouter. C'était Raiponce qui se distrayait de sa solitude en laissant filer sa délicieuse voix. Le fils du roi, qui voulait monter vers elle, chercha la porte de la tour et n'en trouva point. Il tourna bride et rentra chez lui ; mais le chant l'avait si fort bouleversé et ému dans son cœur, qu'il ne pouvait plus laisser passer un jour sans chevaucher dans la forêt pour revenir à la tour et écouter. Il était là, un jour, caché derrière un arbre, quand il vit arriver une sorcière qu'il entendit appeler sous la fenêtre :

« Raiponce, Raiponce,

Descends-moi tes cheveux. »

Alors Raiponce laissa se dérouler ses nattes et la sorcière grimpa. « Si c'est là l'escalier par lequel on monte, je veux aussi tenter ma chance », se dit-il ; et le lendemain, quand il commença à faire sombre, il alla au pied de la tour et appela :

« Raiponce, Raiponce,

Descends-moi tes cheveux. »

Les nattes se déroulèrent aussitôt et le fils du roi monta. Sur le premier moment, Raiponce fut épouvantée en voyant qu'un homme était entré chez elle, un homme comme elle n'en avait jamais vu ; mais il se mit à lui parler gentiment et à lui raconter combien son cœur avait été touché quand il

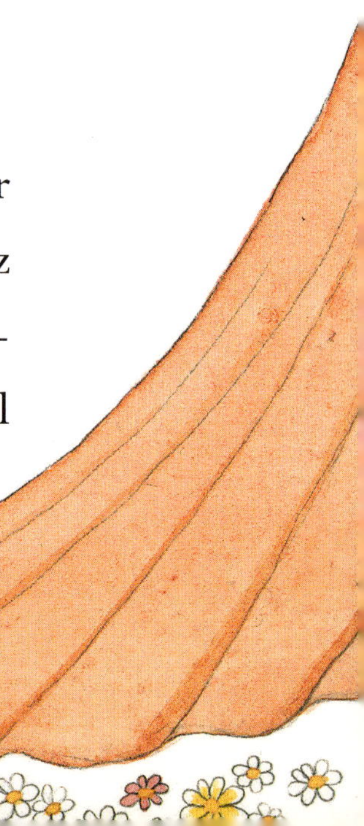

l'avait entendue chanter, et qu'il n'avait plus eu de repos tant qu'il ne l'eut vue en personne. Alors Raiponce perdit son effroi, et quand il lui demanda si elle voulait de lui comme mari, voyant qu'il était jeune et beau, elle pensa : « Celui-ci m'aimera sûrement mieux que ma vieille mère-marraine », et elle répondit qu'elle le voulait bien, en mettant sa main dans la sienne. Elle ajouta aussitôt : « Je voudrais bien partir avec toi, mais je ne saurais pas comment descendre. Quand tu viens, alors apporte-moi chaque fois un cordon de soie : j'en ferai une échelle, et quand elle sera finie, je descendrai et tu m'emporteras sur ton cheval. » Ils convinrent que d'ici là il viendrait la voir tous les soirs, puisque pendant la journée venait la vieille. De tout cela, la sorcière n'eut rien deviné si, un jour, Raiponce ne lui avait dit :

« Dites-moi, mère-marraine, comment se fait-il que vous soyez si lourde à monter, alors que le fils du roi, lui, est en haut en un clin d'œil ?

– Ah ! scélérate ! Qu'est-ce que j'entends ? s'exclama la sorcière. Moi qui croyais t'avoir isolée du monde entier, tu m'as pourtant flouée ! »

Dans la fureur de sa colère, elle empoigna les beaux cheveux de Raiponce et les serra dans sa main gauche en les tournant une fois ou deux, attrapa des ciseaux de sa main droite et cric-crac, les belles nattes tombèrent par terre. Mais si impitoyable était sa cruauté, qu'elle s'en alla déposer Raiponce dans une solitude désertique, où elle l'abandonna à une existence misérable et pleine de détresse. Ce même jour encore, elle revint attacher solidement les nattes au crochet de la fenêtre, et vers le soir, quand le fils du roi arriva et appela :

« Raiponce, Raiponce,

Descends-moi tes cheveux. »

La sorcière laissa se dérouler les nattes jusqu'en bas. Le fils du roi y monta,

mais ce ne fut pas sa bien-aimée Raiponce qu'il trouva en haut, c'était la vieille sorcière qui le fixait d'un regard féroce et empoisonné. « Ha, ha ! ricana-t-elle, tu viens chercher la dame de ton cœur, mais le bel oiseau n'est plus au nid et il ne chante plus : le chat l'a emporté, et il va maintenant te crever les yeux. Pour toi, Raiponce est perdue, tu ne la verras jamais plus ! » Déchiré de douleur et affolé de désespoir, le fils du roi sauta par la fenêtre du haut de la tour : il ne se tua pas. Mais s'il sauva sa vie, il perdit les yeux en tombant au milieu des épines ; il erra, désormais aveugle, dans la forêt, se nourrissant de fruits sauvages et de racines, pleurant et se lamentant sans cesse sur la perte de sa femme bien-aimée. Le malheureux erra ainsi pendant quelques années, aveugle et misérable, jusqu'au jour où ses pas tâtonnants l'amenèrent dans la retraite où Raiponce vivait elle-même misérablement avec les jumeaux qu'elle avait mis au monde : un garçon et une fille. Il avait entendu une voix qu'il lui sembla connaître et, tout en tâtonnant, il s'avança vers elle. Raiponce le reconnut alors et lui sauta au cou en pleurant. Deux de ses larmes ayant touché ses yeux, le fils du roi recouvra complètement la vue. Il ramena sa bien-aimée et leurs enfants dans son royaume, où ils furent accueillis avec des transports de joie et vécurent heureux désormais pendant de longues, longues années de bonheur.

Blanche-Neige

Cela se passait en plein hiver et les flocons de neige tombaient du ciel comme un duvet léger. Une reine était assise à sa fenêtre encadrée de bois d'ébène et cousait. Tout en tirant l'aiguille, elle regardait voler les blancs flocons. Elle se piqua au doigt et trois gouttes de sang tombèrent sur la neige. Ce rouge sur ce blanc faisait si bel effet qu'elle se dit : « Si seulement j'avais un enfant aussi blanc que la neige, aussi rouge que le sang, aussi noir que le bois de ma fenêtre ! » Peu de temps après, une fille lui naquit ; sa peau était blanche comme neige, sa bouche rouge comme sang et ses cheveux étaient noirs comme l'ébène. On l'appela Blanche-Neige. Mais la reine mourut en lui donnant le jour.

Au bout d'une année, le roi épousa une autre femme. Elle était très belle ; mais elle était fière et vaniteuse et ne pouvait souffrir que quelqu'un la surpassât en beauté. Elle possédait un miroir magique. Quand elle s'y regardait en disant :

« Miroir, miroir joli,

Qui est la plus belle au pays ? »

Le miroir répondait :

« Madame la reine, vous êtes la plus belle au pays. »

Et elle était contente. Elle savait que le miroir disait la vérité. Blanche-Neige, cependant, grandissait et devenait de plus en plus belle. Quand elle eut atteint ses dix-sept ans, elle était déjà plus jolie que le jour et plus belle que la reine elle-même.

Un jour que celle-ci demandait au miroir :

« Miroir, miroir joli,

Qui est la plus belle au pays ? »

Celui-ci répondit :

« Madame la reine, vous êtes la plus belle ici,

Mais Blanche-Neige est encore mille fois plus belle. »

La reine en fut épouvantée. Elle devint jaune et verte de jalousie. À partir de là, chaque fois qu'elle apercevait Blanche-Neige, son cœur se retournait dans sa poitrine tant elle éprouvait de haine à son égard. La jalousie et l'orgueil croissaient en elle comme la mauvaise herbe. Elle en avait perdu le repos, de jour comme de nuit. Elle fit venir un chasseur et lui ordonna :

« Emmène l'enfant dans la forêt ! Je ne veux plus la voir. Tue-la et rapporte-moi pour preuve de sa mort ses poumons et son foie. »

Le chasseur obéit et conduisit Blanche-Neige dans le bois. Mais quand il eut dégainé son poignard pour en percer son cœur innocent, elle se mit à pleurer :

« Ô, cher chasseur, laisse-moi la vie ! Je m'enfoncerai au plus profond de la forêt et ne rentrerai jamais à la maison. »

Et parce qu'elle était belle, le chasseur eut pitié d'elle :

« Sauve-toi, pauvre enfant ! »

« Les bêtes de la forêt auront tôt fait de te dévorer ! » songeait-il. Et malgré tout, il se sentait soulagé de ne pas avoir dû la tuer. Un marcassin passait justement. Il le tua de son poignard, prit ses poumons et son foie et les apporta à la reine comme preuves de la mort de Blanche-Neige. Le cuisinier reçut ordre de les apprêter et la méchante femme les mangea, s'imaginant qu'ils avaient appartenu à Blanche-Neige.

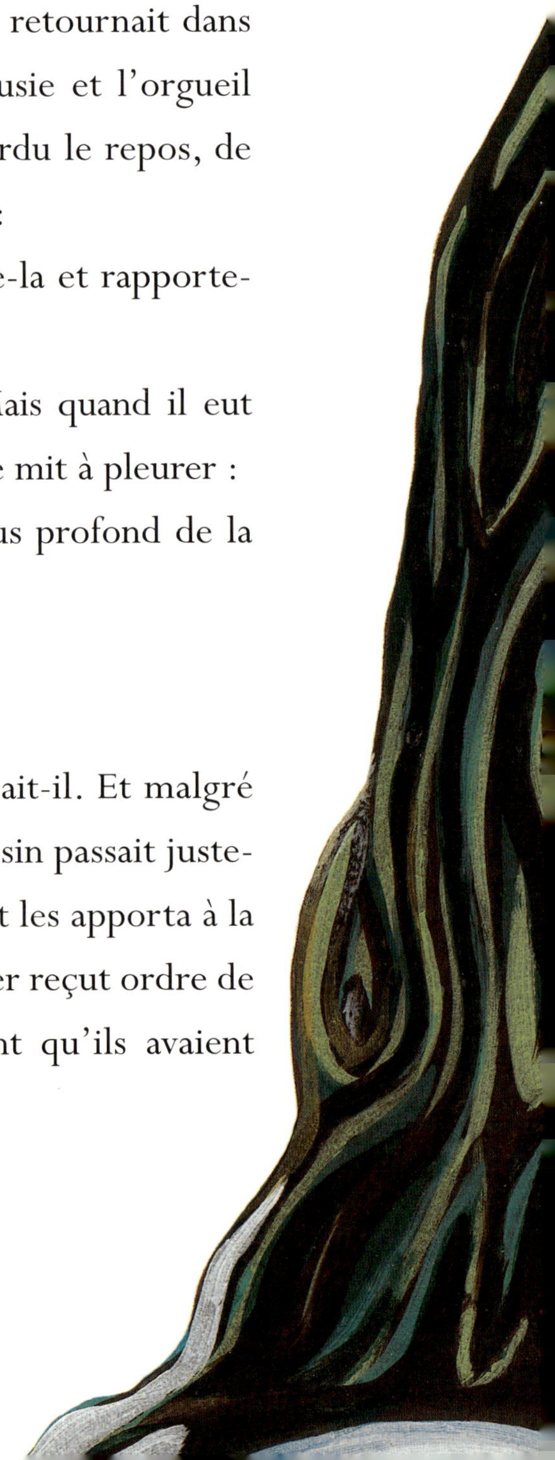

La pauvre petite, elle, était au milieu des bois, toute seule. Sa peur était si grande qu'elle regardait toutes les feuilles de la forêt sans savoir ce qu'elle allait devenir. Elle se mit à courir sur les cailloux pointus et à travers les épines. Les bêtes sauvages bondissaient autour d'elle, mais ne lui faisaient aucun mal. Elle courut jusqu'au soir, aussi longtemps que ses jambes purent la porter. Elle aperçut alors une maisonnette et y pénétra pour s'y reposer. Dans la maisonnette, tout était minuscule, gracieux et propre. On y voyait une petite table couverte d'une nappe blanche, avec sept petites assiettes et sept petites cuillères, sept petites fourchettes et sept petits couteaux, et aussi sept petits gobelets. Contre le mur, il y avait sept petits lits alignés les uns à côté des autres et recouverts de draps tout blancs. Blanche-Neige avait si faim et si soif qu'elle prit dans chaque assiette un peu de légumes et de pain et but une goutte de vin dans chaque gobelet : car elle ne voulait pas manger la portion tout entière de l'un des convives. Fatiguée, elle voulut ensuite se coucher. Mais aucun des lits ne lui convenait ; l'un était trop long, l'autre trop court. Elle les essaya tous. Le septième, enfin, fut à sa taille. Elle s'y allongea, fit sa prière et s'endormit. Quand la nuit fut complètement tombée, les propriétaires de la maisonnette arrivèrent. C'était sept nains qui, dans la montagne, travaillaient à la mine. Ils allumèrent leurs sept petites lampes et quand la lumière illumina la pièce, ils virent que quelqu'un était venu, car tout n'était plus tel qu'ils l'avaient laissé.
Le premier dit : « Qui s'est assis sur ma petite chaise ? »
Le deuxième : « Qui a mangé dans ma petite assiette ? »
Le troisième : « Qui a pris de mon pain ? »
Le quatrième : « Qui a mangé de mes légumes ? »
Le cinquième : « Qui s'est servi de ma fourchette ? »

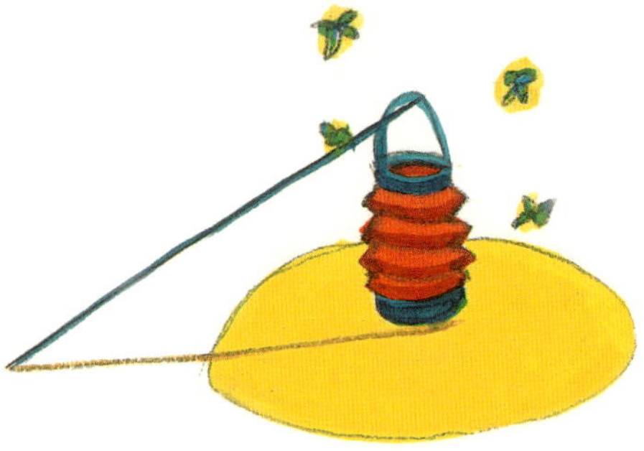

Le sixième : « Qui a coupé avec mon couteau ? »

Le septième : « Qui a bu dans mon gobelet ? »

Le premier, en se retournant, vit que son lit avait été dérangé.

« Qui a touché à mon lit ? » dit-il.

Les autres s'approchèrent en courant et chacun s'écria :

« Dans le mien aussi quelqu'un s'est couché ! »

Mais le septième, quand il regarda son lit, y vit Blanche-Neige endormie. Il appela les autres qui vinrent bien vite et poussèrent des cris étonnés. Ils prirent leurs sept petites lampes et éclairèrent le visage de Blanche-Neige.

« Ô mon Dieu ! s'écrièrent-ils, que cette enfant est jolie ! »

Ils en eurent tant de joie qu'ils ne l'éveillèrent pas et la laissèrent dormir dans le petit lit. Le septième des nains coucha avec ses compagnons, une heure avec chacun, et la nuit passa ainsi.

Au matin, Blanche-Neige s'éveilla. Quand elle vit les sept nains, elle s'effraya. Mais ils la regardaient avec amitié et posaient déjà des questions :

« Comment t'appelles-tu ?

– Je m'appelle Blanche-Neige, répondit-elle.

– Comment es-tu venue jusqu'à nous ? »

Elle leur raconta que sa belle-mère avait voulu la faire tuer, mais que le chasseur lui avait laissé la vie sauve et qu'elle avait ensuite couru tout le jour jusqu'à ce qu'elle trouvât cette petite maison. Les nains lui dirent :

« Si tu veux t'occuper de notre ménage, faire à manger, faire les lits, laver, coudre et tricoter, si tu tiens tout en ordre et en propreté, tu pourras rester avec nous et tu ne manqueras de rien.

– D'accord, d'accord de tout mon cœur », dit Blanche-Neige.

Et elle resta auprès d'eux. Elle s'occupa de la maison. Le matin, les nains partaient pour la montagne où ils arrachaient le fer et l'or ; le soir, ils s'en revenaient et il fallait que leur repas fût prêt. Toute la journée, la jeune fille restait seule. Les bons nains l'avaient mise en garde :

« Méfie-toi de ta belle-mère ! Elle saura bientôt que tu es ici ; ne laisse entrer personne ! »

La reine, cependant, après avoir mangé les poumons et le foie de Blanche-Neige, s'imaginait qu'elle était redevenue la plus belle de toutes. Elle se mit devant son miroir et demanda :

« Miroir, miroir joli,
Qui est la plus belle au pays ? »

Le miroir répondit :

« Madame la reine, vous êtes la plus belle ici,
Mais, par-delà les monts d'airain,
Auprès des gentils nains,
Blanche-Neige est mille fois plus belle. »

La reine en fut bouleversée ; elle savait que le miroir ne pouvait mentir. Elle comprit que le chasseur l'avait trompée et que Blanche-Neige était toujours en vie. Elle se creusa la tête pour trouver un nouveau moyen de la tuer car aussi longtemps qu'elle ne serait pas la plus belle au pays, elle savait que la jalousie ne lui laisserait aucun repos. Ayant finalement découvert un stratagème, elle se farda le visage et s'habilla comme une vieille marchande ambulante. Elle était méconnaissable.

Ainsi déguisée, elle franchit les sept montagnes derrière lesquelles vivaient les sept nains. Elle frappa à la porte et dit :

« J'ai du beau, du bon à vendre ! »

Blanche-Neige regarda par la fenêtre et dit :
« Bonjour, chère madame, qu'avez-vous à vendre ?
– De la belle, de la bonne marchandise, répondit-elle, des corselets de toutes les couleurs. »
Elle lui en montra un tressé de soie multicolore.
« Je peux bien laisser entrer cette honnête femme ! » se dit Blanche-Neige. Elle déverrouilla la porte et acheta le joli corselet.
« Enfant ! dit la vieille. Comme tu t'y prends ! Viens, je vais te l'ajuster comme il faut ! »
Blanche-Neige était sans méfiance. Elle se laissa passer le nouveau corselet. Mais la vieille serra rapidement et si fort que la jeune fille perdit le souffle et tomba comme morte.
« Et maintenant, tu as fini d'être la plus belle », dit la vieille en s'enfuyant.
Le soir, peu de temps après, les sept nains rentrèrent à la maison. Quel effroi fut le leur lorsqu'ils découvrirent leur chère Blanche-Neige étendue sur le sol, inanimée et comme sans vie ! Ils la soulevèrent et virent que son corselet la serrait trop. Ils en coupèrent vite le cordonnet. La jeune fille commença à respirer doucement et, peu à peu, elle revint à elle. Quand les nains apprirent ce qui s'était passé, ils dirent :
« La vieille marchande n'était autre que cette mécréante de reine. Garde-toi et ne laisse entrer personne quand nous ne serons pas là ! »
La méchante femme, elle, dès son retour au château, s'était placée devant son miroir et avait demandé :

« Miroir, miroir joli,

Qui est la plus belle au pays ? »

Une nouvelle fois, le miroir avait répondu :

« Madame la reine, vous êtes la plus belle ici.

Mais, par-delà les monts d'airain,

Auprès des gentils nains,

Blanche-Neige est mille fois plus belle. »

Quand la reine entendit ces mots, elle en fut si bouleversée qu'elle sentit son cœur étouffer. Elle comprit que Blanche-Neige avait recouvré la vie.

« Eh bien ! dit-elle, je vais trouver quelque moyen qui te fera disparaître à tout jamais ! »

Par un tour de sorcellerie qu'elle connaissait, elle empoisonna un peigne. Elle se déguisa à nouveau et prit l'aspect d'une autre vieille femme.

Elle franchit ainsi les sept montagnes en direction de la maison des sept nains, frappa à la porte et cria :

« Bonne marchandise à vendre ! »

Blanche-Neige regarda par la fenêtre et dit :

« Passez votre chemin ! Je n'ai le droit d'ouvrir à quiconque.

– Mais tu peux bien regarder, dit la vieille en lui montrant le peigne empoisonné, je vais te peigner joliment. »

La pauvre Blanche-Neige ne se douta de rien et laissa faire la vieille ; à peine le peigne eut-il touché ses cheveux que le poison agit et que la jeune fille tomba sans connaissance.

« Et voilà ! dit la méchante femme, c'en est fait de toi, prodige de beauté ! »

Et elle s'en alla. Par bonheur, le soir arriva vite et les sept nains rentrèrent à la

maison. Quand ils virent Blanche-Neige étendue comme morte sur le sol, ils songèrent aussitôt à la marâtre, cherchèrent et trouvèrent le peigne empoisonné. Dès qu'ils l'eurent retiré de ses cheveux, Blanche-Neige revint à elle et elle leur raconta ce qui s'était passé. Ils lui demandèrent une fois de plus d'être sur ses gardes et de n'ouvrir à personne.

Rentrée chez elle, la reine s'était placée devant son miroir et avait demandé :

« Miroir, miroir joli,

Qui est la plus belle au pays ? »

Comme les fois précédentes, le miroir répondit :

« Madame la reine, vous êtes la plus belle ici.

Mais, par-delà les monts d'airain,

Auprès des gentils nains,

Blanche-Neige est mille fois plus belle. »

Quand la reine entendit cela, elle se mit à trembler de colère.

« Il faut que Blanche-Neige meure ! s'écria-t-elle, dussé-je en périr moi-même ! »

Elle se rendit dans une chambre sombre et isolée où personne n'allait jamais et y prépara une pomme empoisonnée. Extérieurement, elle semblait belle, blanche et rouge, si bien qu'elle faisait envie à quiconque la voyait ; mais il suffisait d'en manger un tout petit morceau pour mourir.

Quand tout fut prêt, la reine se farda le visage et se déguisa en paysanne. Ainsi transformée, elle franchit les sept montagnes pour aller chez les sept nains. Elle frappa à la porte. Blanche-Neige se pencha à la fenêtre et dit :

« Je n'ai le droit de laisser entrer quiconque ici ; les sept nains me l'ont interdit.

– D'accord ! répondit la paysanne. J'arriverai bien à vendre mes pommes ailleurs ; mais je vais t'en offrir une.

– Non, dit Blanche-Neige, je n'ai pas le droit d'accepter quoi que ce soit.

– Aurais-tu peur d'être empoisonnée ? demanda la vieille. Regarde : je partage la pomme en deux ; tu mangeras la moitié qui est rouge, moi, celle qui est blanche. »

La pomme avait été traitée avec tant d'art que seule une moitié était empoisonnée. Blanche-Neige regarda le fruit avec envie et quand elle vit que la paysanne en mangeait, elle ne put résister plus longtemps. Elle tendit la main et prit la partie empoisonnée de la pomme. À peine y eut-elle mis les dents qu'elle tomba morte sur le sol. La reine la regarda de ses yeux méchants, ricana et dit :

« Blanche comme neige, rouge comme sang, noir comme ébène ! Cette fois-ci, les nains ne pourront plus te réveiller ! »

Et quand elle fut de retour chez elle et demanda au miroir :

« Miroir, miroir joli,
Qui est la plus belle au pays ? »

Celui-ci répondit enfin :

« Madame la reine, vous êtes la plus belle au pays. »

Et son cœur jaloux trouva le repos, pour autant qu'un cœur jaloux puisse le trouver. Quand, au soir, les septs nains arrivèrent chez eux, ils trouvèrent Blanche-Neige étendue sur le sol, sans souffle. Ils la soulevèrent, cherchèrent s'il y avait quelque chose d'empoisonné, défirent son corselet, coiffèrent ses cheveux, la lavèrent avec de l'eau et du vin. Mais rien n'y fit : la chère enfant était morte et morte elle restait. Ils la placèrent sur une civière, s'assirent tous les sept autour d'elle et pleurèrent trois jours durant. Puis ils se préparèrent à l'enterrer. Mais elle était restée fraîche comme un être vivant et ses jolies joues étaient roses comme auparavant.

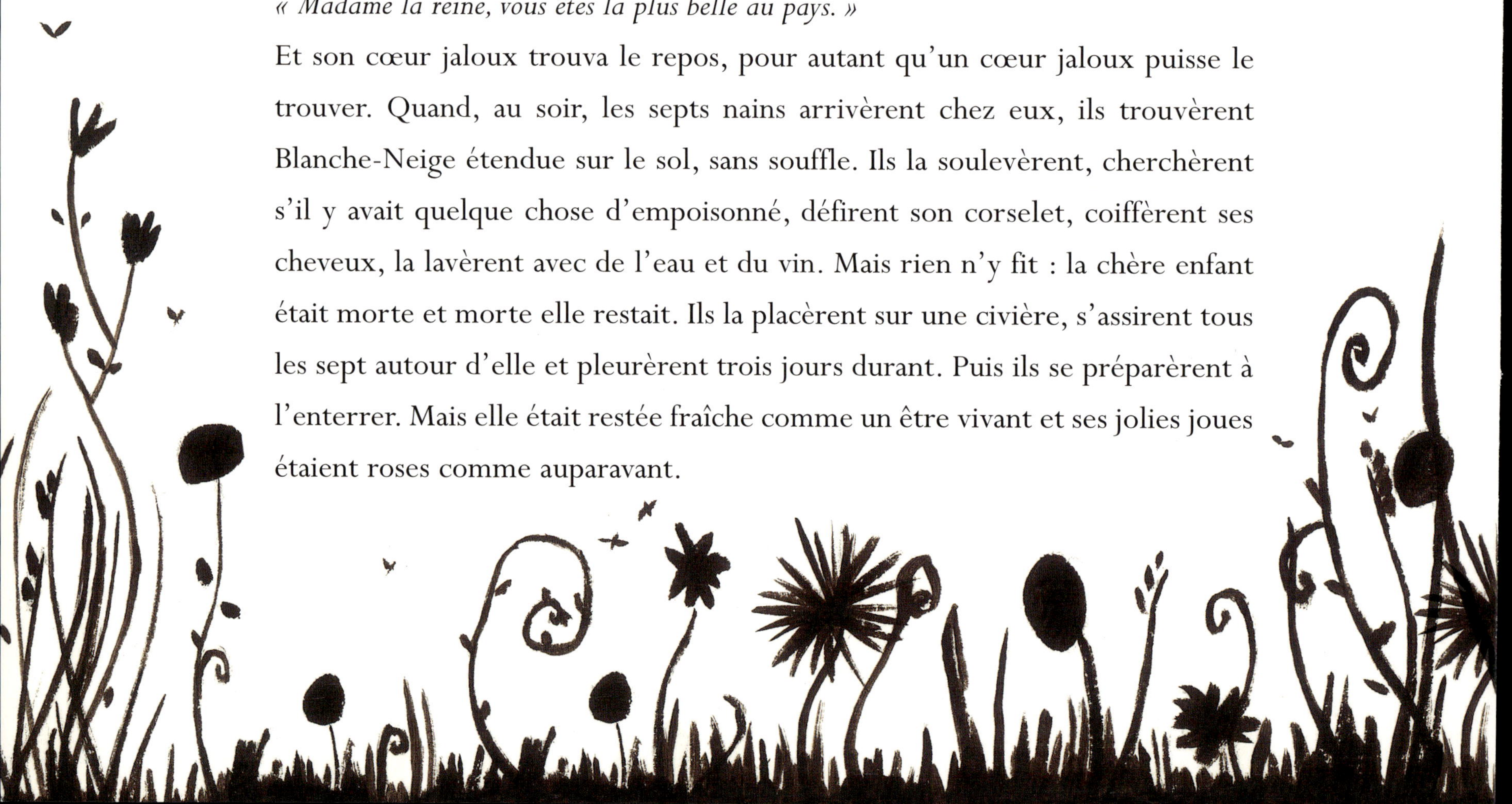

Ils dirent :

« Nous ne pouvons la mettre dans la terre noire. »

Ils fabriquèrent un cercueil de verre transparent où on pourrait la voir de tous les côtés, l'y installèrent et écrivirent dessus son nom en lettres d'or, en ajoutant qu'elle était fille de roi. Ils portèrent le cercueil en haut de la montagne et l'un d'eux, sans cesse, monta la garde auprès de lui.

Longtemps Blanche-Neige resta ainsi, dans son cercueil, toujours aussi jolie. Il arriva qu'un jour un prince qui chevauchait par la forêt s'arrêta à la maison des nains pour y passer la nuit. Il vit le cercueil au sommet de la montagne, et la jolie Blanche-Neige. Il dit aux nains :

« Laissez-moi le cercueil ; je vous en donnerai ce que vous voudrez. »

Mais les nains répondirent :

« Nous ne vous le donnerons pas pour tout l'or du monde.

– Alors donnez-le-moi pour rien ; car je ne pourrai plus vivre sans voir Blanche-Neige ; je veux lui rendre honneur et respect comme à ma bien-aimée. »

Quand ils entendirent ces mots, les septs nains furent saisis de compassion et ils lui donnèrent le cercueil. Le prince le fit emporter sur les épaules de ses serviteurs. Comme ils allaient ainsi, l'un d'eux buta sur une souche. La secousse fit glisser hors de la gorge de Blanche-Neige le morceau de pomme empoisonnée qu'elle avait mangé. Bientôt après, elle ouvrit les yeux, souleva le couvercle du cercueil et se leva. Elle était de nouveau vivante !

« Seigneur, où suis-je ? demanda-t-elle.

– Auprès de moi », répondit le prince, plein d'allégresse.

Il lui raconta ce qui s'était passé, ajoutant :

« Je t'aime plus que tout au monde ; viens avec moi, tu deviendras ma femme. »

Blanche-Neige accepta. Elle l'accompagna et leurs noces furent célébrées avec magnificence et splendeur.

La méchante reine, belle-mère de Blanche-Neige, avait également été invitée au mariage. Après avoir revêtu ses plus beaux atours, elle prit place devant le miroir et demanda :

« Miroir, miroir joli,

Qui est la plus belle au pays ? »

Le miroir répondit :

« Madame la reine, vous êtes la plus belle ici,

Mais la jeune souveraine est mille fois plus belle. »

La méchante femme proféra un affreux juron et elle eut si peur, si peur qu'elle en perdit la tête. D'abord, elle ne voulut pas du tout aller à la noce. Mais la curiosité ne lui laissa pas de répit, il lui fallut partir et aller voir la jeune reine. Et en rentrant, elle reconnut Blanche-Neige, et d'angoisse et d'effroi, elle resta clouée sur place et ne put bouger. Déjà on avait fait rougir des mules de fer sur des charbons ardents, on les apporta avec des tenailles et on les posa devant elle. Alors il lui fallut mettre ces souliers chauffés à blanc et danser jusqu'à ce que mort s'ensuive.

Table